# 神やせ7日間エクササイズ

食事制限一切なし！

1日10分！

ストレ…やせる！

予約の取れない女性専門トレーナー考案！

石本哲郎

KADOKAWA

★こんなことに心当たりはありませんか？

☑ 話題のダイエット法にチャレンジしたけれど、自分には何も変化がなかった……

☑ 食事制限のダイエットはつらいし、運動もそんなにがんばれない！

☑ 憧れの体型になりたいけれど食べるのが大好き！

☑ スリムな体を目指して毎日運動をがんばっているのに、期待しているような効果が出ない

☑ 見た目はもちろん、健康のためにも体を引き締めたいけれど忙しくていつも挫折してしまう

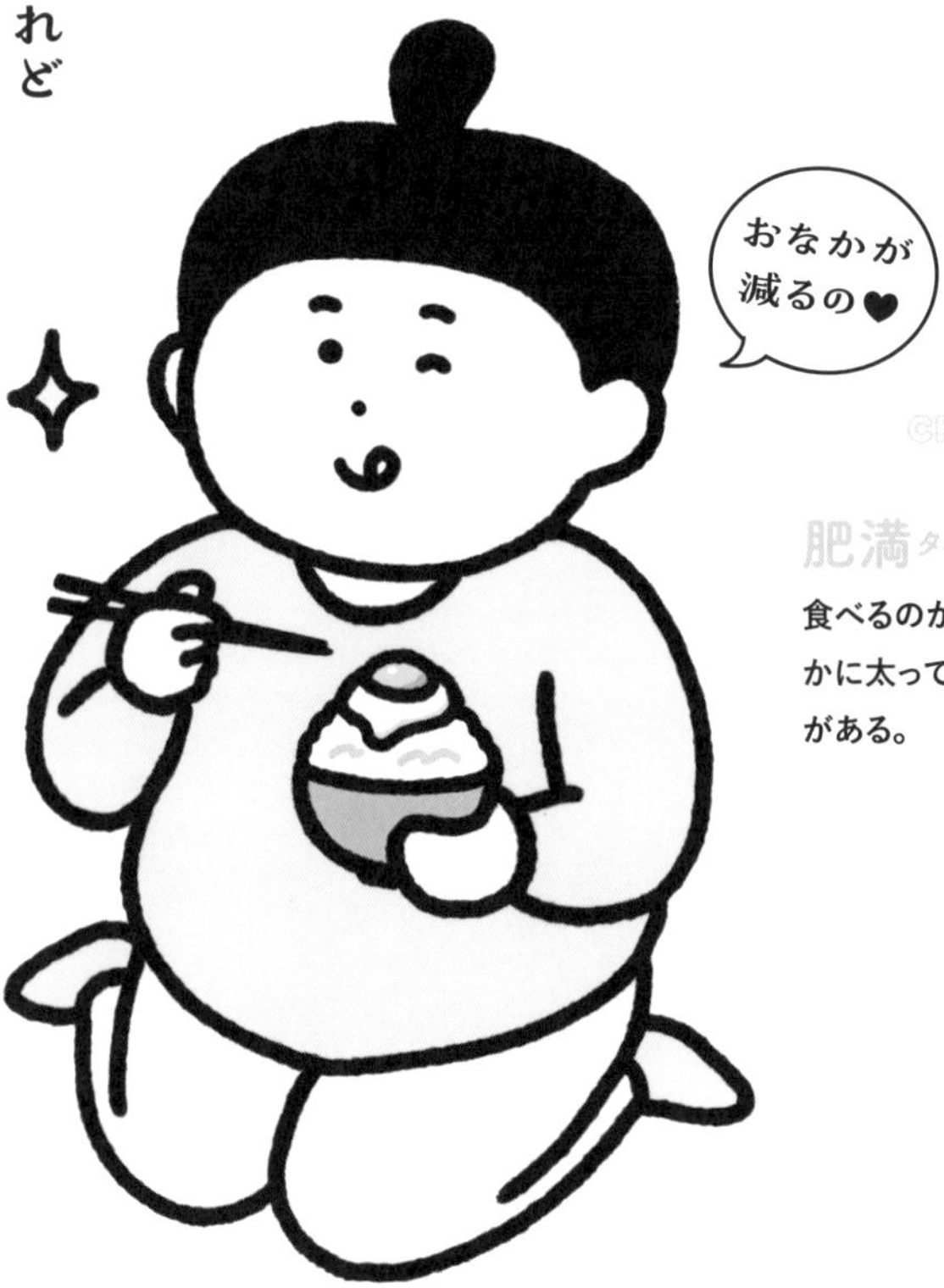


CHECK!

## 肥満タイプ

食べるのが大好きで、明らかに太っているという自覚がある。

CHECK!

## がっしりタイプ

運動をして筋肉は多いのに理想のスタイルには程遠い。

CHECK!

## かくれ肥満タイプ

手足は比較的細く着やせして見えるが、おなかぽっこりで姿勢も悪い。

僕は今まで
パーソナルトレーナーとして
このような女性たちとたくさん向き合い、
体を変える指導をしてきました。

その経験から、今回、
食事制限ができない人でも、たった少しの
運動だけで体を変えることができる
「最短で最高の結果を出すメソッド」を
考案しました！

そんな神ワザのような方法があるの？

あるんです!!

from ISHIMOTO

運動すれば、おなかがすくのは当たり前。空腹を感じにくい適度な運動量を身につけて、脱！　リバウンド！

目的を絞って、
効果の高い運動だけを、
短時間で終わらせる やり方が…

# 神やせ7日間エクササイズ

なのです！

from ISHIMOTO

太く見えちゃう筋肉を鍛えているかも!?　理想の体に合ったエクササイズで効率アップ！

from ISHIMOTO

いくらやせても姿勢が悪いとスタイルが悪く見えがちに…。ストレッチを取り入れて！

僕を信じて
1日4～10分、7日間だけ、
この本のマネをして
体を動かしてみてください!!

えっ？　たった7日で何が変わるの？
そう思った人もいることでしょう。

確かに、
7日間で筋肉なんてつきません。
7日間で体脂肪が
がっつり落ちるはずもありません。

しかし、

めちゃめちゃ姿勢がよくなります！
むくみがとれてすっきりします！
だから、やせて見えます!!
「神やせ7日間エクササイズ」なら

1週間で……
**見た目が変わります！**

1か月続ければ……
**ガチでやせます!!**

6か月続けたら……
**人生が変わるかも!?**

# さあ、あなたも神やせ革命を起こしましょう！

# CONTENTS



## PART 1

マネして体を動かすだけ！

## 神やせ7日間エクササイズを今日から始めよう！

## 神やせエクサ プラン B

# PART 2

姿勢改善＆むくみ解消！

神やせ7日間エクササイズ で

# 体が変わる理由




**Staff**

**ブックデザイン**　木村由香利（986design）

**イラスト**　くにともゆかり

**撮影**　島本絵梨佳

**ヘアメイク**　金澤美保

**スタイリング**　古賀麻衣子

**DTP**　山本秀一、山本深雪（G-Clef）

**校正**　文字工房燦光

**編集協力**　加曽利智子

**編集担当**　今野晃子（KADOKAWA）

いつ、どんな運動をすればよいのか、
7日間のプランを紹介します。
アナタは「プランA」か「プランB」を選んで、
僕のお手本通りにマネをして体を動かすだけでOK!
1週間後を楽しみにレッツ、トライ!!

# PART 1

マネして体を動かすだけ!

# 神やせ7日間エクササイズを今日から始めよう!

7日間チャレンジの前におさえておこう!

# 神やせエクササイズ・ガイド

肥満タイプ、がっしりタイプ、かくれ肥満タイプのどのタイプでも、
自分の状況や希望に合わせて選べる2つのプランと
簡単なルール、準備するとよいものなどを紹介します。

神やせ7日間エクササイズ
とは…

## 1日MAX10分 体を動かすだけ! たった7日間で 見た目が変わる!!

食事制限も
筋トレもなしで
変われるのね!

「神やせ7日間エクササイズ」とは、たった7日間で、食事制限は一切せず、1日わずか4〜10分、体を動かすだけで見た目が変わる方法です。しかも、筋トレはなし！ストレッチ、エクササイズ、有酸素運動の3種類を日替わりで行なうので飽きることなく続けられます。

ひとつひとつの運動はとってもシンプル。体を動かす習慣がない人でも、すぐに取り組めます。3種類の相乗効果により、短期間で効率よく体が変わっていく、オリジナルメソッドです。

神やせエクサ

プラン

# A

→P16～

## 運動は苦手、忙しくて続ける時間がない人におすすめ！

運動が嫌いな人、様々なトレーニングをしたけれど挫折したり成果を感じられなかった人におすすめのプラン。まずは7日間続けてみよう！　という人は、このプランから始めてみてください。

神やせエクサ

プラン

# B

→P44～

## 多少ハードでも確実に結果を出したい人におすすめ！

チャレンジするなら結果にこだわりたい、たった7日間で見た目が変わるならちょっときつい運動でもがんばる！　といった人におすすめのプランです。勇敢な挑戦者求む！

神やせエクササイズ

# 3つのルール

石本先生!
何もかも
任せます!!

## 1 まずは7日間、本の通りにマネをする

プランAかBのどちらかを選んだら、とにかく7日間、本を見ながら体を動かしてみましょう。ポイントをしっかり押さえて写真の通りにマネをすれば、確実に体が変わっていきます。

ラクな気持ちで
いいのね♪

## 2 細かい動きは気にしないでOK!

ひとりで挑戦していると「この動きあっているかな?」など不安になることもあるかもしれません。でも大丈夫!ちょっとぐらい動きがズレても、バッチリ効果が出るようにしています。

やれば
やるほど
いいわけじゃ
ないのね!

## 3 決められたこと以外はむしろやっちゃダメ!

運動はやればやるほど効果が出るわけではありません。むしろやりすぎて結果が出ない人がたくさんいます。効果を高めるためにあえて短時間にし、種目を絞っているので、必ず守りましょう!

知っておきたい!!

## 効果が出やすい実践のタイミング

**運動には効果の出やすいタイミングがあります。下記を参考に、1日MAX10分の運動タイムを！ ただし、忙しくて思うように時間が確保できない人は、「ストレッチは朝イチ以外」さえ守ればOKです。**

### ストレッチ … 朝イチ以外ならいつでもOK

神やせエクササイズでは、朝起きて30分以内のストレッチは効果が出にくいのでNG。それ以外の時間なら、いつ行っても大丈夫です。

### エクササイズ … 食事の2〜3時間後

一番力が出て元気よく取り組めて効果が出やすい時間帯が、食事の2〜3時間後です。逆に空腹時は力が出ないので避けたほうが無難です。

### 有酸素運動 … 空腹じゃなければいつでもOK

基本的にいつでもOKですが、朝起きてすぐや食事から時間が空きすぎている場合は効果が落ちるので、できれば避けましょう。

これだけは準備しよう！

## 始める前の写真を撮る

**成果が目に見えてわかると、モチベーションが上がります。
スタート時の自分の全身写真（体のラインがわかる服装で、正面＆横＆後ろから）を撮影しておき、7日後と比べましょう。体組成計をお持ちの方は、体重・体脂肪率を測定しておくとより変化を楽しめます。**

# あと必要なのは あなたの ほんの少しの やる気だけ!!

神やせエクサ

プラン

# A

# 運動は苦手、忙しくて続ける時間がない人におすすめ！

## 1週間のプラン

### 1日目

あわせて 4分

ストレッチ

左右2分ずつ
計4分

**くっきりデコルテ**
ストレッチ

### 2日目

あわせて 5分

エクササイズ
上半身

2分×2セット（インターバル1分）
計5分

**しゃきっと美姿勢**
エクサA

### 3日目

あわせて 10分

有酸素運動
屋外

時速6kmで
10分（～MAX30分）

**おなか引き締め**
体幹ウォーキング

※雨天時は6日目のヒップアップ踏み台昇降とスイッチ可！

「神やせエクササイズ・プランA」は、「簡単な動きで体型を改善したい」「忙しくてあまり時間がないけれど、もう少し引き締まった体になりたい」など、手っ取り早く見た目を変えたい人向けです。

- タイマー
- 椅子
- ランニングシューズ
- 踏み台
- ヨガマット

も事前に用意しておくとスムーズ！

## 4日目

あわせて **4分**

**ストレッチ**

左右2分ずつ
計4分

## くっきりデコルテ
ストレッチ

## 5日目

あわせて **5分**

**エクササイズ
下半身**

左右1分ずつ×2セット(インターバル1分)
計5分

## ほっそり美脚
エクサA

## 6日目

あわせて **10分**

**有酸素運動
屋内**

左右5分ずつ
計10分（～MAX30分）

## ヒップアップ
踏み台昇降

## 7日目

あわせて **4分**

**ストレッチ**

左右2分ずつ
計4分

## くっきりデコルテ
ストレッチ

⚠

プランA では1日目、4日目、7日目に、プランBでは1日目と4日目に同じくっきりデコルテストレッチを行います。各日のページにそれぞれ別のNGポイントが書いてあるので、そちらも参考にしながらやってみてください。

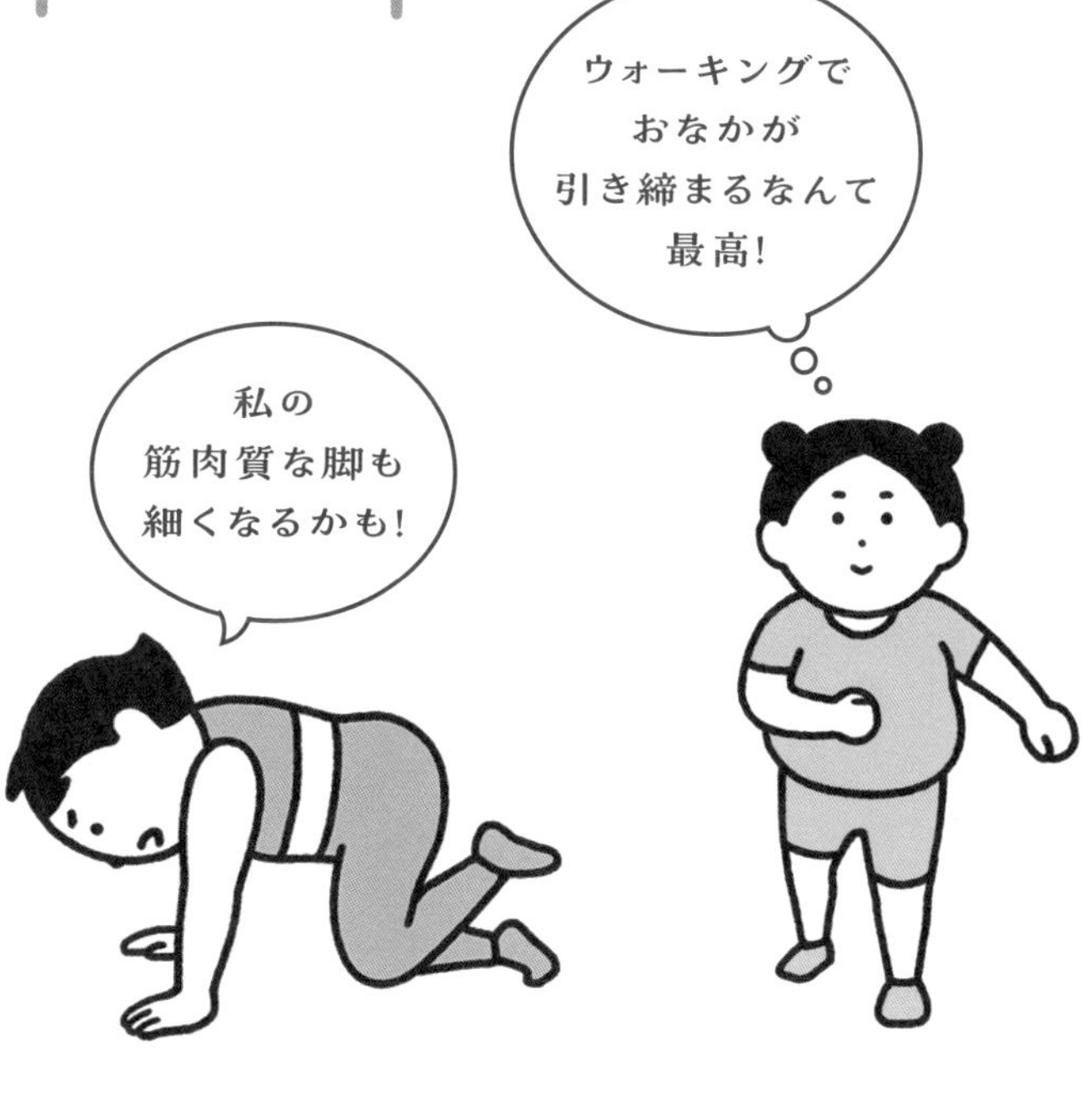
ウォーキングで
おなかが
引き締まるなんて
最高!
私の
筋肉質な脚も
細くなるかも!

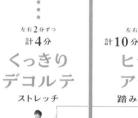

1日目

# くっきりデコルテ

## ストレッチ

左右2分ずつ＝計4分

### Step 1

壁を左側にして立ち、肩より高い位置に左の手のひらをつける。

**TIPS**

ポイントはとにかく胸を張ること。痛くない範囲でしっかりと伸ばします。首筋から肩まわり、胸上までのデコルテラインが美しくなります。

**TIPS**

脚を1歩前に踏み出したときに、手の位置が体よりも少し後ろの位置にあれば、しっかり胸を張れています。

**NG** ×

**! 胸が張れていない**

脚を1歩前に出すと同時に、とにかく胸を張ります。しつこいぐらい何度も胸を張れと言いますが、それほど重要だと思ってください！

胸がピーン！

1分キープ

これだけは絶対に守ろう！

とにかく胸を張り続ける！

左側の胸がめちゃ伸びる～
わ～!!

## Step 2

左脚を1歩前に踏み出し、右手は腰にあて、しっかりと胸を張ったまま、右を見て1分キープ。休憩なしで反対側（右手を壁に、右脚を1歩前に）も同様に。

## KAMIYASE POINT

### 肩ではなく胸を伸ばそう!

猫背のままでストレッチをすると、胸が伸びずに肩ばかり伸びてしまい、姿勢改善の効果が得られません。しっかり意識して胸を張りましょう。

## Step 3

今度は、肩より低い位置に左の手のひらをつける。

**TIPS**
手首が硬い人は、手のひらを壁につけるとき指先を上にすると痛みを感じることも! 指先を横や下にして負担の少ない位置で行って。

TIPS

横を見ようとすると首が痛い人は前を向いたままでもOK！ ただし下だけは向かないで！

NG

**肩が上がっている**

胸を張ろうと意識しすぎて肩が上がってしまうと、スタイルを悪くする首回りの筋肉に作用してしまいます。

# 胸がピーン！

これだけは絶対に守ろう！

**とにかく胸を張り続ける！**

1分キープ

## Step 4

左脚を1歩前に踏み出し、右手は腰にあて、しっかり胸を張ったまま、右を見て1分キープ。休憩なしで反対側（右手を壁に、右脚を1歩前に）も同様に。

2日目

# しゃきっと美姿勢

## エクサA

**2分×2セット（インターバル1分）＝計5分**

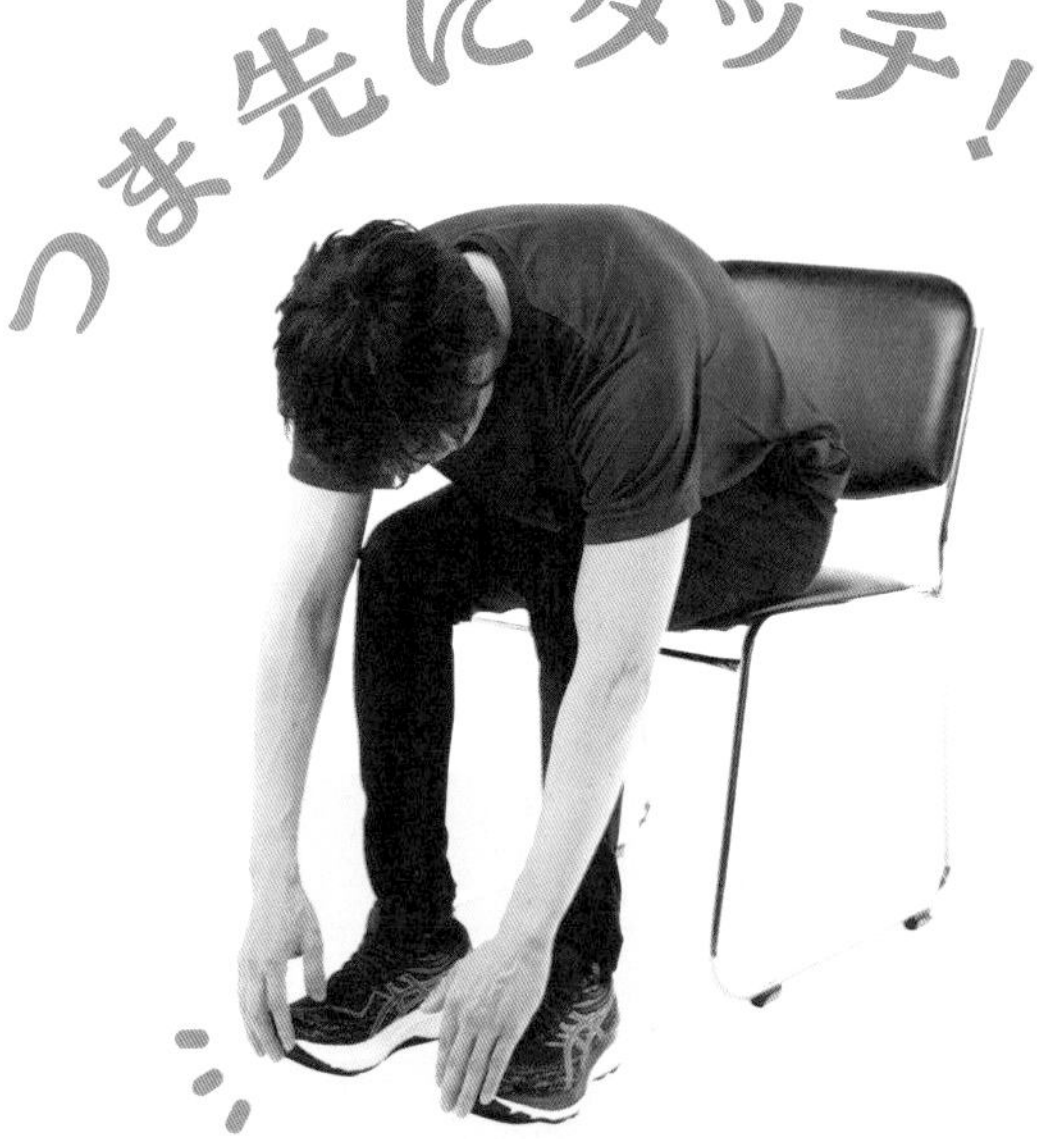


### Step 1

椅子に座って上体を前に倒し、つま先に両手の先をつける。

TIPS

このエクササイズで使う椅子は、座ったときに膝の角度が直角になるくらいの高さがベスト。背もたれはあってもなくてもOK。

TIPS

5秒キープするときには、その位置で必ずピタッと止めることが大事。「1、2、3、4、5」と数えながら行いましょう。

NG

**上体が起きる**

上体が起きてしまうと、このエクササイズの目的の筋肉に刺激が入らず効果が出ません。

これだけは絶対に守ろう！

**5秒キープ**

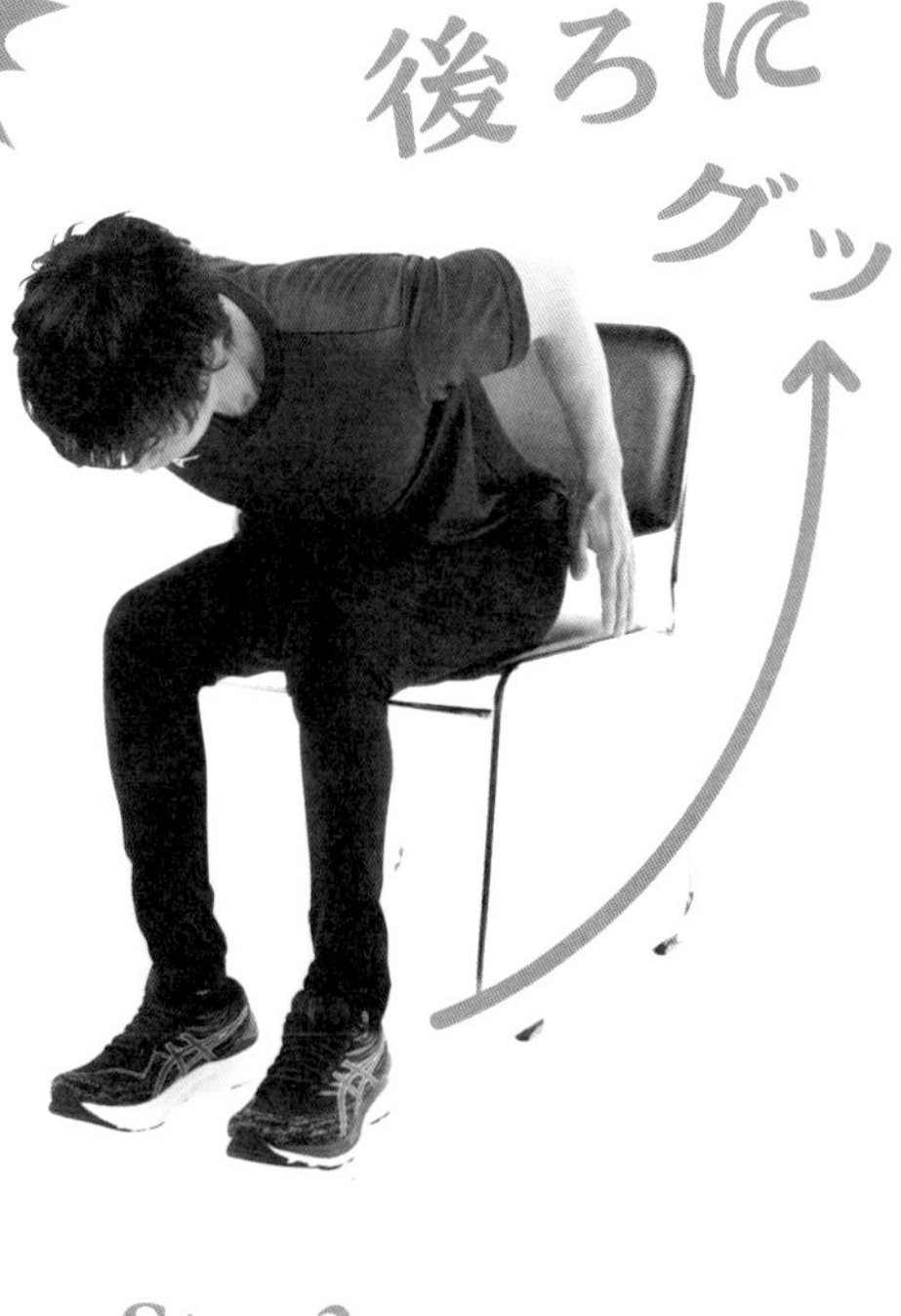


## Step 2

両肘を後ろにグッと引いてしっかりと胸を張り、脇を閉じて5秒キープ。特にこのときに上体が起きやすいので注意！

**TIPS**
このエクササイズは、背中がしゃきっと伸びて美姿勢になるのはもちろん、気になる二の腕の引き締め効果も期待できます。

**NG**

**! 脇が開く**

Step 5で両手のひらを限界まで横に開くときに、思わず脇を開いてしまいそうになりますが、脇が開かないように注意！

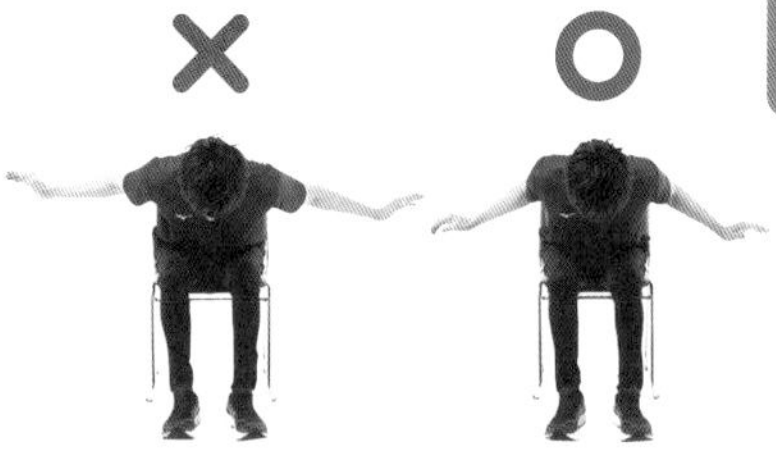

これだけは絶対に守ろう！

**5秒キープ**

そのまま
グイ〜

Step2に
戻ります

**Step 4**

## Step 3

その姿勢を保ったまま、両肘を後ろにグッと伸ばしきって5秒キープ。

神やせ
エクサ
プラン
A

TIPS
疲れてきて動きが小さくなってしまっても、とにかく必ず2分やり切ろう！　特に最後の30秒は効果激高。やめたらもったいない！

KAMIYASE POINT

**必ず5秒キープが一番大切なポイント**

本書のエクササイズで5秒キープと書かれていたら、必ず守ってください。これをするとしないとでは効果に雲泥の差が出ます。タイマーで確認しながら行いましょう。

これだけは絶対に守ろう！

5秒
キープ

手のひらを
横に～

## Step 5

脇を閉じたまま両手のひらを限界まで横に開き、5秒キープ。Step 1 に戻り、Step 5 までを2分繰り返す。2分終わったら、1分休憩して再び2分行う。

神やせエクサ
プラン
A

有酸素運動・屋外

3日目

# おなか引き締め

## 体幹ウォーキング

**時速6kmで10分（～MAX30分）**

※雨天時は6日目のヒップアップ踏み台昇降とスイッチ可!

NG

**腕の振りが甘い**

腕をきちんと振らずに歩くと、おなかの引き締め効果がダウン。腕を左右にしっかり振ることを意識しながら歩きましょう。

これだけは絶対に守ろう!

**必ずスピードをキープして！じゃないと単なる有酸素運動に**

時速6km程度（10分で1km歩くペース）で、普段よりも歩幅を狭くして、腕を左右に振りながら、シャカシャカと歩く。

TIPS

ウォーキングで代謝アップや引き締め効果などのメリットを得るには、ある程度のスピードで歩くことが必要。その目安が時速6㎞です。

TIPS

どんなに元気でも有酸素運動は30分までが鉄則。疲れて腕の振りが甘くなったり、おなかが空いて食べすぎてしまうなど逆効果になるからです。

おすすめ Memo

### 時速6㎞がわかるアプリを活用しよう

単なるウォーキングにおなか引き締め効果を付与するには、時速6km程度の速度が必要。基本的にリアルタイムで時速が確認できるアプリであれば何でもOK！　いろいろと試してみた結果、僕のおすすめは、リアルタイムで時速と歩幅が計測できる無料のスマートフォンアプリ「Walkmetrix」（ウオークメトリックス）。

おすすめ Memo

### 靴にこだわると効果がアップ！

サイズが合っていればどのような靴でも問題ないですが、時速6㎞の早歩きの場合、クッション性の高いランニングシューズが特におすすめです。

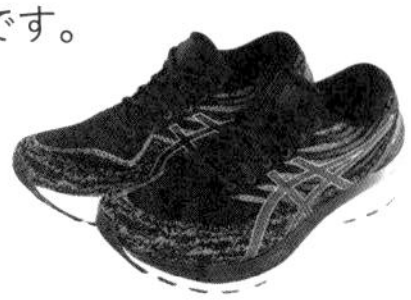

僕の愛用のシューズ「ASICS GEL-KAYANO 29」。GEL-KAYANO（ゲルカヤノ）シリーズは、サポート機能が高く脚やせに◎。

## KAMIYASE POINT

やせるなら
振るわ！
ちょっと
恥ずかしい
けど
ふりっ
ふりっ

### 必ず左右に腕を振る！

歩くときに左右に腕を振ると、前進しようとする動きに対して体をまっすぐに保とうと腹筋が使われるので、おなかの引き締め効果が期待できます。

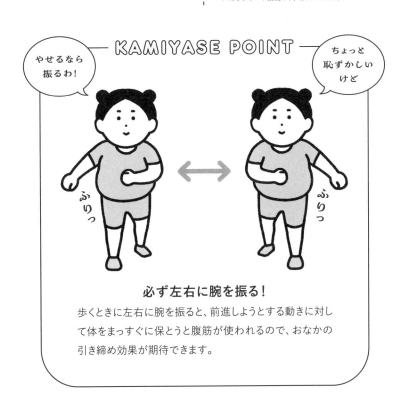

4日目

# くっきりデコルテ

## ストレッチ

左右2分ずつ＝計4分

### Step 1

壁を左側にして立ち、肩より高い位置に左の手のひらをつける。

TIPS

1日目と同じストレッチです。姿勢改善につながる大事なストレッチなので、なんと！　7日間で3回も登場します。

神やせエクサ
プラン
A

TIPS

胸を「張る」ことも重要ですが、胸を張り「続ける」ことこそ最重要！　1分間、気を抜かずにやり切りましょう。

**NG**

**体が正面を向いていない**

体が正面を向いていないとデコルテラインの柔軟性が得られず、姿勢改善ができないので注意！

胸がピーン！

1分キープ

これだけは絶対に守ろう！

**とにかく胸を張り続ける！**

## Step 2

左脚を1歩前に踏み出し、右手は腰にあて、しっかりと胸を張ったまま、右を見て1分キープ。休憩なしで反対側（右手を壁に、右脚を1歩前に）も同様に。

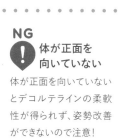

## KAMIYASE POINT

**必ず1分間伸ばし続けよう！**

ストレッチ効果は約30秒で現れ始め、約1分で効果が最大化されます。効率よく結果を出すためにも、1分間きっちりやり切ろう。

## Step 3

今度は肩より低い位置に左の手のひらをつける。

**TIPS**

ストレッチはいつやってもよいのですが、おすすめはお風呂上りや就寝前などの、体が十分温まっているときです。

TIPS

短時間だからこそ、やるときはだらだらとしないで全集中！　これはストレッチ、エクササイズ、有酸素運動すべてに共通です。

胸が
ピーン！

これだけは絶対に守ろう！

とにかく胸を張り続ける！

1分
キープ

## Step 4

左脚を1歩前に踏み出し、右手は腰にあて、しっかり胸を張ったまま、右を見て1分キープ。休憩なしで反対側（右手を壁に、右脚を1歩前に）も同様に。

5日目

# ほっそり美脚

## エクサA

左右1分ずつ×2セット（インターバル1分）＝計5分

Ready

### Step 1

背中を丸めて目線はおへそでキープ。

**TIPS**

このエクササイズは、脚やせはもちろん、ヒップアップや太ももの裏側のセルライト改善も期待できます。

**TIPS**

このエクササイズは軸足のお尻も少し使うので、上げ下げしていない側のお尻がつらくなってきても問題なし。

**NG**

**かかとがお尻から離れてしまう**

かかとが離れるとお尻〜太ももの裏側への刺激が弱くなり、脚やせ効果がダウン。できる範囲で限界まで近づけることを常に意識。

## かかとをお尻へ!

## Step 2

左足のかかとを左のお尻に限界まで近づける。体が硬くて思ったより近づかなくても、近づけようとする気持ちが大事。

TIPS

膝を高く上げようと頑張りすぎて腰が反ってしまうと逆効果。背中を丸めたまま限界まで上げるのが重要。

NG

**膝が横に上がっている**

Step 3では、膝を真横ではなく、後ろに上げる意識で。横に上げると脚やせ効果が薄れてしまいます。

これだけは絶対に守ろう！

**5秒キープ**

## Step 3

Step 2 をキープしたまま、左膝を限界まで後ろに上げて5秒キープ。このときも背中は丸めたままで。

フォームが崩れる場合はたいてい目線が別のところへいっています。目線は常におへそでキープして。



## KAMIYASE POINT

**「左脚&右脚+休憩」で1セット**

左脚と右脚を連続で行い、1分休憩をはさむことで、エクササイズの効果が上がります。続けてできそうでも必ず休憩を入れましょう。

1分
続ける

床にチョン!
再びグイ～

## Step 4

左膝を床につけ、Step 3 の状態に戻り再度5秒キープ。Step 3 ➡ Step 4 を1分繰り返す。休憩なしで右脚も同様に。1分休憩したら、再び左右1分ずつ。

有酸素運動・屋内

## 6日目

# ヒップアップ

## 踏み台昇降

左右5分ずつ＝計10分

(～MAX30分)

**TIPS**
踏み台の高さは高ければ高いほどヒップアップ効果大！　ただし、バランスを崩しやすいので無理のない範囲の高さで行いましょう。

### Step 1

踏み台の前に立ち、右手を壁につく（手は常に壁につけたままキープ）。踏み台の高さは何㎝でもOK。

これだけは絶対に守ろう！
かかとをしっかり踏み込んで上がる

### Step 2

左足のかかとをグッと踏み込んで、踏み台に上がる。このときフラつかないよう右手でバランスをとる。

TIPS

必ず左側と右側は同じ時間行いましょう。そうしないと片方のお尻だけがヒップアップしてしまいます。

NG

**かかとを踏みこめていない**

漠然と昇り降りしても、お尻の筋肉はあまり使われません。かかとからグッと踏み込むことで初めてヒップアップ効果が得られます。

5分続ける

## Step 3

右脚を踏み台に乗せる。

## Step 4

左脚から下りて、右脚も下りる。

Step 1 ～ Step 4 を5分繰り返す。

続けて、左手を壁につき、右脚から上がり右脚から下りるを5分行う。

7日目

# くっきりデコルテ

## ストレッチ

左右2分ずつ＝計4分

### Step 1

壁を左側にして立ち、肩より高い位置に左の手のひらをつける。

TIPS

1日目、4日目と同じストレッチです。息を止めると筋肉が硬くなって伸びにくくなるので、呼吸をしながら行いましょう。

TIPS

このストレッチで胸の筋肉の柔軟性が高まると、胸が開きやすくなり、肩や首のこりが改善するなどの効果もあります。

NG

**手を腰にあてていない**

手を腰にあてていないと、体幹が安定せず、筋肉の伸びを感じられなくなってしまうので注意!

胸がピーン!

1分キープ

これだけは絶対に守ろう!

**とにかく胸を張り続ける!**

## Step 2

左脚を1歩前に踏み出し、右手は腰にあて、しっかりと胸を張ったまま、右を見て1分キープ。休憩なしで反対側(右手を壁に、右脚を1歩前に)も同様に。

NG

**目線が下がっている**

目線が下がると胸が張りづらくなり、ストレッチの効果が落ちてしまいます。目線は真横でキープし、しっかり胸を張りましょう。

## Step 3

今度は、肩より低い位置に左の手のひらをつける。

TIPS

1日目のときよりも、明らかに姿勢がよくなっているはず! だって最も姿勢改善効果のあるストレッチを3日もやったんですから!

TIPS
プランA、7日間終了お疲れさまでした！　8日目の朝に全身の写真を撮影して比較してみましょう。よい変化を実感できるはず！　ビクトリー！

# 胸がピーン！

これだけは絶対に守ろう！
とにかく胸を張り続ける！

1分キープ

## Step 4

左脚を1歩前に踏み出し、右手は腰にあて、しっかり胸を張ったまま、右を見て1分キープ。休憩なしで反対側（右手を壁に、右脚を1歩前に）も同様に1分。

モニター体験レポート①

## CASE 1

### 気になっていたおなかまわりがすっきりしました

**さーちゃん**さん(33歳) 身長 159 cm

| | After | | Before |
|---|---|---|---|
| 体重 | 56.45 kg | ← | 56.8 kg |
| 体脂肪率 | 30.3 % | | 30.9 % |

運動自体はとても簡単、でも「効くところにはすごく効く」といった印象でした。ワンセットやると、「せっかくだから、もうワンセット!!」と思える短さと覚えやすさもよかったです。

生理前&生理中に挑戦しましたが、いつもは生理前にむくみで1〜2kgは体重が増えるのに、今回はわずかでも体重が減ったのがうれしかったです。おなかまわりがすっきりしたのは見た感じで気づいていましたが、写真を見て背中も引き締まったことに気づき、驚きました。やる気維持のためにも、Before & Afterの写真撮影は、絶対にやったほうがいいと思います。

## CASE 2

### たった7日間で姿勢がよくなったのを実感！

**マエマエ**さん（59歳）　身長 158 cm

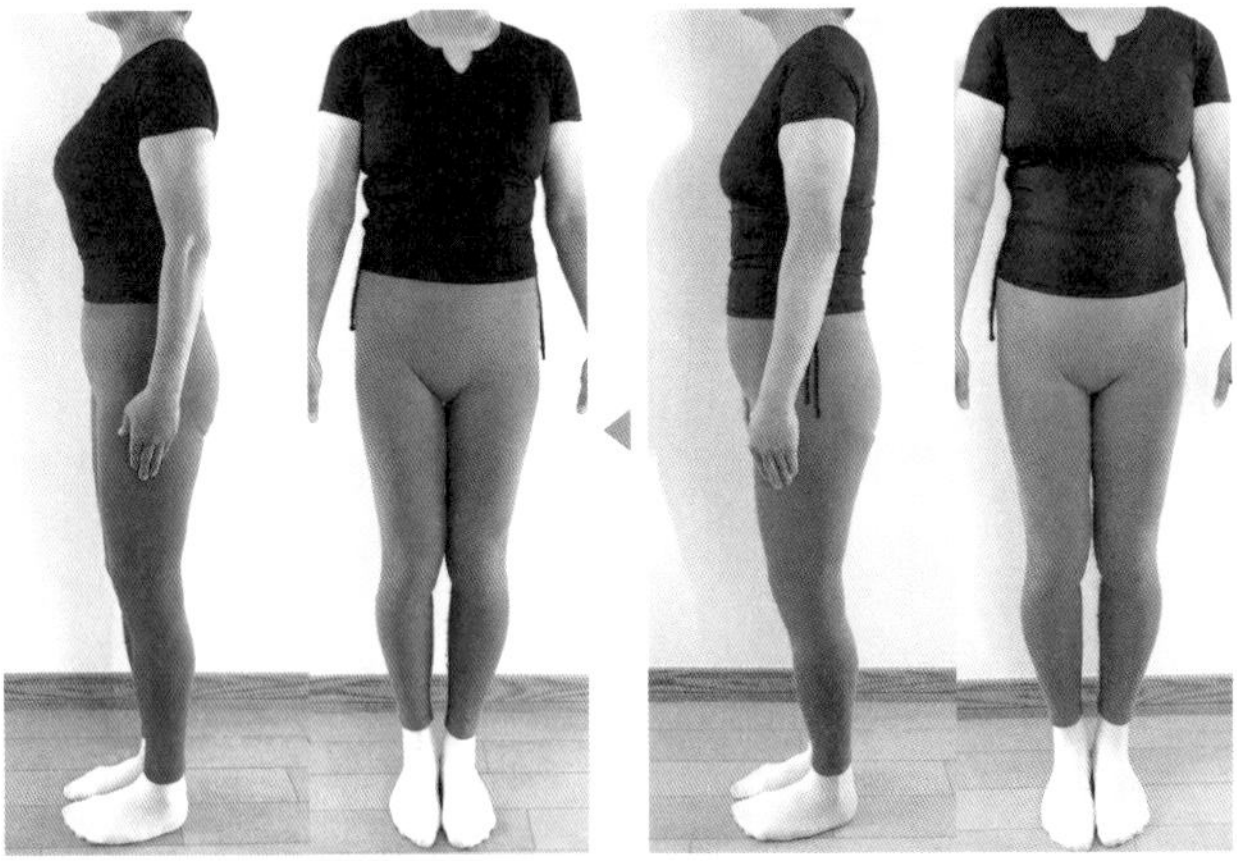

| | After | Before |
|---|---|---|
| 体重 | 53.5 kg | 55.6 kg |
| 体脂肪率 | 25.5 % | 28.1 % |

体を引き締めたいけれど、もう若くはないし、情報が多すぎて何から始めていいかわからない……。そんなときに、神やせエクササイズを体験させていただきました。

ストレッチは気持ちよくてもっとやりたかったくらい。エクササイズ、有酸素運動は、しっかりと体を動かしている感じがありました。たった7日間でしたが、姿勢がよくなり、見た目が変わったことを実感！　これをきっかけに年齢を言い訳にせず、いろいろやってみようと欲が出てきた気がします。大袈裟でなく、私の人生、これから変わっていく希望が持てました。

神やせエクサ

# プランB

# 多少ハードでも確実に結果を出したい人におすすめ！

「神やせエクササイズ・プランB」は、少し大変でも効果をすぐに実感したい、急ぎの事情があってとにかく早く見た目を変えたい人向けです。

## 1週間のプラン

### 1日目

あわせて 8分

ストレッチ

1

左右2分ずつ
計4分

**くっきりデコルテ**
ストレッチ

2

左右1分ずつ
計2分

**すっきり背中**
ストレッチ

3

左右1分ずつ
計2分

**ほっそり美脚**
ストレッチ

### 2日目

あわせて 10分

エクササイズ
上半身

1

2分×2セット（インターバル1分）
計5分

**しゃきっと美姿勢**
エクサB

2

2分×2セット（インターバル1分）
計5分

**すらっと後ろ姿**
エクサ

### 3日目

あわせて 10分

有酸素運動
屋外

時速6kmで
10分（～MAX30分）

**ヒップアップ**
大股ウォーキング

※雨天時は6日目の美脚バーピーとスイッチ可！

●タイマー
●タオル
●ランニングシューズ
●ヨガマット
も事前に用意しておくとスムーズ！

## 4日目

あわせて

**8分**

**ストレッチ**

1

左右2分ずつ

計4分

### くっきりデコルテ

ストレッチ

2

左右1分ずつ

計2分

### すっきり背中

ストレッチ

3

左右1分ずつ

計2分

### ほっそり美脚

ストレッチ

## 5日目

あわせて

**10分**

**エクササイズ**
**下半身**

1

左右1分ずつ×2セット（インターバル1分）

計5分

### ほっそり美脚

エクサB

2

左右1分ずつ×2セット（インターバル1分）

計5分

### きゅっと内もも

エクサ

## 6日目

あわせて

**10分**

**有酸素運動**
**屋内**

10分（～MAX30分）

### 美脚

バーピー

## 7日目

あわせて

**10分**

**エクササイズ**
**上半身**

1

2分×2セット（インターバル1分）

計5分

### しゃきっと美姿勢

エクサB

2

2分×2セット（インターバル1分）

計5分

### すらっと後ろ姿

エクサ

プランAでは1日目、4日目、7日目に、プランBでは1日目と4日目に同じくっきりデコルテストレッチを行います。各日のページにそれぞれ別のNGポイントが書いてあるので、そちらも参考にしながらやってみてください。

立ったり、寝たり、反ったり、これは体が変わりそう！

TIPS

1日目のストレッチは胸、背中、脚の3つ。姿勢改善はもちろん、神やせエクササイズ全体の効果を底上げしてくれます。

1日目

1

# くっきりデコルテ

## ストレッチ

左右2分ずつ＝計4分

肩より…

上でタッチ！

### Step 1

壁を左側にして立ち、肩より高い位置に左の手のひらをつける。

TIPS

胸を張ったときに「ああ～胸のあたりが伸びているな～」と感じられれば、このストレッチの目的はきちんと達成できています。

NG

**胸が張れていない**

脚を1歩前に出すと同時に、とにかく胸を張ります。P19でも言いましたが、胸を張れることが、それほど重要だと思ってください！

×

胸が
ピーン！

1分
キープ

これだけは絶対に守ろう！

とにかく胸を張り続ける！

## Step 2

左脚を1歩前に踏み出し、右手は腰にあて、しっかりと胸を張ったまま、右を見て1分キープ。休憩なしで反対側（右手を壁に、右脚を1歩前に）も同様に1分。

## KAMIYASE POINT

### 壁を使って効率よく胸を伸ばす

壁を利用すると体が安定するので、ストレッチ効果が格段にアップ。特に体が硬い人に効果抜群です。しっかりと壁に手をついて、思い切り胸を張りましょう。

## Step 3

今度は、肩より低い位置に左の手のひらをつける。

TIPS

手の高い位置、低い位置と2回にわけてストレッチをすることで胸全体が伸び、誰がどう行っても必ず効果が出ます！

胸がピーン！

これだけは絶対に守ろう！

とにかく胸を張り続ける！

1分キープ

## Step 4

左脚を1歩前に踏み出し、右手は腰にあて、しっかり胸を張ったまま、右を見て1分キープ。休憩なしで反対側（右手を壁に、右脚を1歩前に）も同様に1分。

1日目 2

# すっきり背中
## ストレッチ

左右1分ずつ＝計2分

プランBは
Aよりストレッチが
増えるけど
がんばります!
やるぞ〜

壁の端をつかんで

横から
見ると…

Side

### Step 1

壁（引き戸や柱などでも）の端が正面にくるように立ち、左手で壁の端をつかむ。左手は肩より低い位置で手の甲が自分側を向くようにし、背中は丸める。

TIPS
1日目のストレッチの2つめです。背中の柔軟性が高まると、姿勢改善効果がさらにUP!

TIPS

このストレッチだけでは実はあまり効果は高くありませんが、神やせエクササイズのひとつとして取り入れることで相乗効果を発揮！

×

○

NG

**しっかり壁の端をつかめていない**

Step 1で壁の端をしっかりつかめていないと、体が不安定になって、思いっ切り上体をずらして伸ばすことができません。

伸ばす!!

1分キープ

これだけは絶対に守ろう！

限界まで背中を丸める！

Side

## Step 2

右手を右内ももの上に置いて、背中を丸めたまま、上体を左へずらして1分キープ。休憩なしで、今度は右手で壁の端をつかんで同様に1分キープ。

TIPS

1日目のストレッチの3つめです。脚を高く上げて行うストレッチは、ふくらはぎのむくみ改善に効果があります。

1日目 3

# ほっそり美脚ストレッチ

左右1分ずつ＝計2分

つま先にひっかけて〜…

## Step 1

マットの上にあお向けに寝て、タオルを左足のつま先にひっかけて、両手で持つ。

TIPS

**最も重要なのはお尻の真上にかかとがくること！　体が硬くてつらい場合はどちらの膝もがっつり曲げてOK。**

**NG**

**タオルがつま先にかかっていない**

タオルを土踏まずやかかとにかけてしまうと、ふくらはぎをしっかりと伸ばすことができません。必ずつま先にかけましょう。

**つらい場合は下ろしている脚の膝も曲げてOK**

1分キープ

伸ばす!!

**これだけは絶対に守ろう！**

**お尻の真上にかかとがくるまで上げる！**

## Step 2

左膝を少し曲げた状態で、左足のかかとがお尻の真上にくるまで上げ、裏ももとふくらはぎが伸びているのを感じて1分キープ。休憩なしで、右脚も同様に。

2日目 1

# しゃきっと美姿勢

## エクサB

2分×2セット（インターバル1分）＝計5分

あお向けで
膝を立てます

Ready

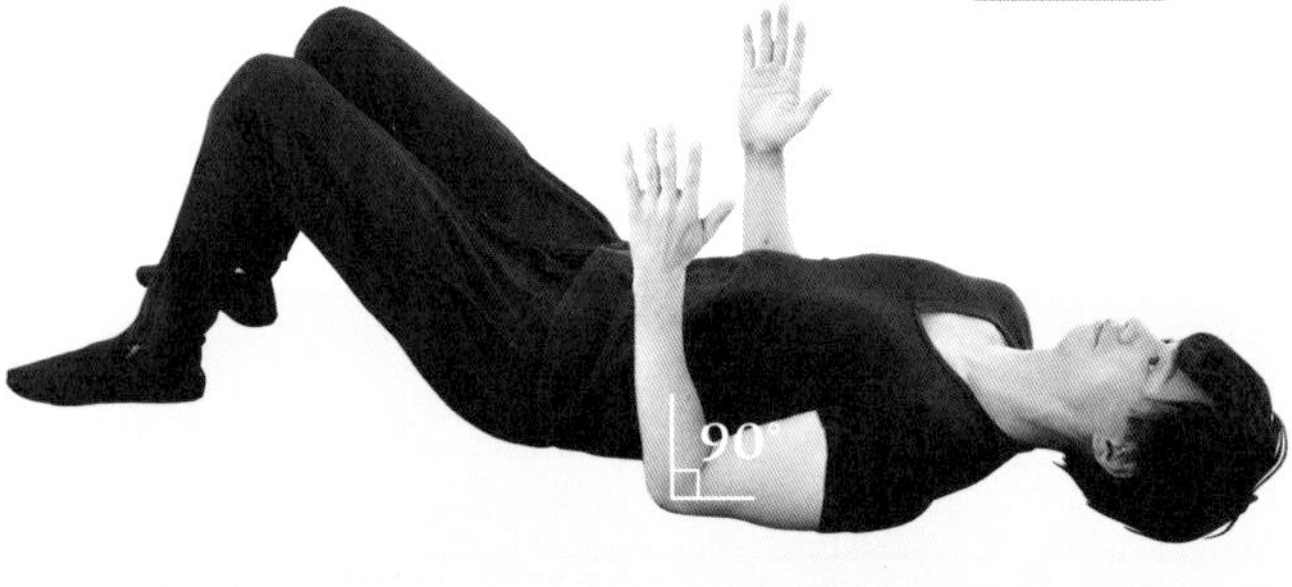


## 肘を90度に…

### Step 1

マットの上に両膝を立てて、両脇を完全にしめてあお向けに寝る。その姿勢から両肘を90度に曲げて、「小さく前へならえ」のポーズをとる。

TIPS
2日目のエクササイズは2種目あります。2種目とも主に背中にアプローチして、姿勢改善に必要な筋力アップを狙います。

TIPS

「姿勢をよくする筋肉ランキング」で堂々の1位が背中の筋肉。あえて背中だけに絞ることでたった7日間でガラリと印象を変えることが可能に。

NG

**! 脇が開いてしまう**

脇が開くと狙っている筋肉に効かないので必ず脇はしめて!　必ずです!!　ただし動作中にほんの少し開くぐらいなら許容範囲。

胸を張る!

肘をグッと!

## Step 2

両肘を床に突き刺すようなイメージでグッと押し続け、背中と床の間にすきまを作る気持ちで胸を限界まで張る。

## KAMIYASE POINT

5秒って
意外と
長いのね…
はぁ〜

**3秒でも4秒でもなく、必ず5秒キープ！**

本書のエクササイズで5秒キープと書かれていたら、必ず守ってください。これをするとしないとでは効果に雲泥の差が出ます。タイマーで確認しながら行いましょう。

**5秒キープ**

両手を開く〜
これだけは絶対に守ろう！
脇は何があっても開かない！

## Step 3

Step 2 の姿勢をキープしたまま、両手のひらを外に開いて5秒キープ。脇は絶対に開かず肘は床に押しつけたまま。

**TIPS**

布団の上で行ってもOKですが、ヨガマットやカーペットの上で行うとより効果的です。フローリングだと肘や腰が痛くなるのでNG。

**TIPS**

Step 3で脇をしめたままにすることでほとんど両手が開かなくなっても問題なし！　両手を開くことより脇をしめるほうが大切。

## KAMIYASE POINT

**背中と床の
すきまをキープ!!**

Step 2で胸を張ったら最後までその姿勢をキープすることを意識して！　美姿勢効果がさらにアップします。

**2分
続ける**

一度戻して…

また開く～

## Step 4

Step 2 の姿勢に戻り、Step 2 ➡ Step 3 を2分繰り返す。1分休憩して再び2分行う。

TIPS
2日目の2種目めです。こちらは姿勢改善に加えて、さらに二の腕の引き締め効果も狙ったエクササイズです。

## 2日目 2

# すらっと後ろ姿エクサ

2分×2セット（インターバル1分）＝計5分

うつ伏せになって～

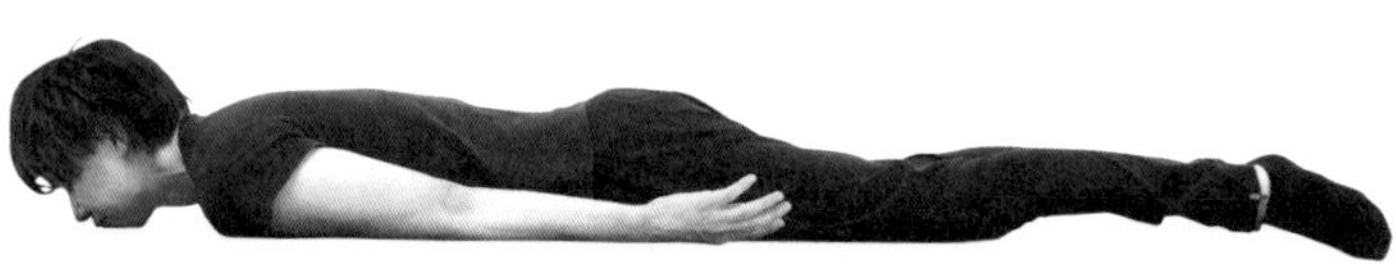

### Step 1

マットの上で両脇をしめて、うつ伏せになる。

TIPS
上体と両脚が浮いているのが理想ですが、できなくても大丈夫！　浮かせようという気持ちで行うことが筋力をアップさせます。

KAMIYASE POINT

**腰に痛みを感じる人はできる範囲でOK**

Step 2で腰に痛みを感じたら、上体が少し浮いている、膝がちょっと浮いているなど、痛みを感じない程度に変更して大丈夫です。

# 反ります!

## Step 2

上体と両脚を浮かす。

TIPS

肘を「ギュッ」と音が出そうなくらい伸ばした状態で5秒キープが、引き締め効果アップのポイントです。

**NG**

**! 肘が下がってしまう**

Step 3とStep 4で肘が下がるとエクササイズの効果がダウン。肘が下がらないように意識して行いましょう。

×

5秒
キープ

# 腕を上げてキープ

## Step 3

Step 2 の姿勢をキープしたまま、両肘を後ろに限界まで伸ばして5秒キープ。指先は力を抜いて。

TIPS

上半身エクササイズでは「指先の力をしっかり抜く」ことを意識すると、より背中に刺激が入ります。

KAMIYASE POINT

腕の上げ下げが優先ね!
ふう〜

**つらければ腕だけでも動かし続けて!!**

2分続けるのがきついときには、上半身や脚を浮かすのを少しゆるめたり、途中で地面につけてもOK。ただし、腕の動きだけはやめずに続けて。

2分続ける

# 一度下ろして…また上げる!

これだけは絶対に守ろう!

肘の高さは最後までキープ!

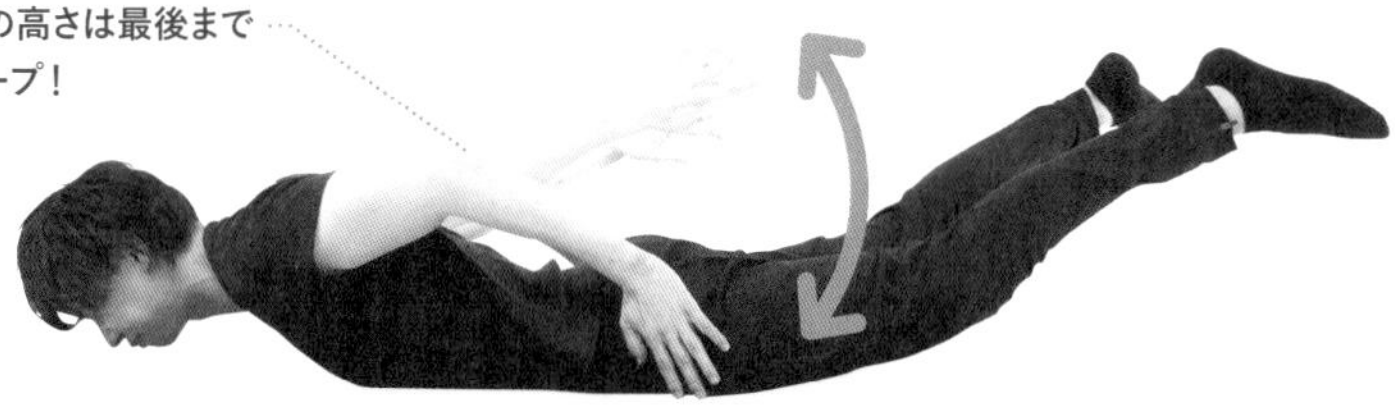

## Step 4

肘の高さを変えずに、指先を床にチョンとつける。すぐに Step 3 に戻り、Step 3 ➡ Step 4 を2分繰り返す。1分休憩して再び2分行う。

3日目

# ヒップアップ

## 大股ウォーキング

**時速6kmで10分（〜MAX30分）**

※雨天時は6日目の美脚バーピーとスイッチ可！

**NG**

**目線が下がっている**

このウォーキングのポイントは前へグイグイと進むこと。目線が下がってしまうと勢いよく前に進むことができません。

これだけは絶対に守ろう！

**必ずスピードをキープして！じゃないと単なる有酸素運動に**

※P27で時速6kmを確認するのにおすすめの無料アプリを紹介しているので参考にしてください。

時速6km程度（10分で1km歩くペース）で、普段よりも大股で、腕を前後に大きく振りながら、とにかく前へ前へと進む意識でグイグイと歩く。

TIPS

「プランB」から始めた人は、P27で紹介したおすすめの無料ウォーキングアプリや靴もチェックしてから、ウォーキングを始めましょう。

おすすめMemo

### 適温を保てる服装で！

ウォーキングの際の服装は、その日の天候に合わせて寒くもなく暑くもなく、快適に歩けることが一番。「サウナスーツを着て汗ダラダラかいて歩いたほうが効果的……」と思っている人も多いようですが、それでは苦しくて速度やベストなフォームを保つことができないので、神やせエクササイズではNGです。

おすすめMemo

### ながらではなく集中して！

ウォーキングと聞くと「忙しいので買い物や通勤のついでに……」と考える人もいるかもしれません。しかし、神やせエクササイズのウォーキングは速度やフォームにこだわることで単なる有酸素ではなくボディメイク的価値を出しています。たった10分でも集中して歩くと効果は絶大です！

## KAMIYASE POINT

### 必ず前後に大きく腕を振る！

腕を前後に振ることで、前に進みやすくなります。前へグイグイ進むとお尻の筋肉がしっかり使われるのでヒップアップ効果が期待できます。

TIPS

1日目と同じ3つのストレッチを行います。初日に比べてより伸ばしやすくなっているはず！ この調子で！

4日目

1

# くっきりデコルテ

## ストレッチ

左右2分ずつ＝計4分

### Step 1

壁を左側にして立ち、肩より高い位置に左の手のひらをつける。

TIPS

ストレッチは集中しすぎると、体が硬くなって柔軟性が得られにくくなるので逆効果。胸を張ることだけを意識すればＴＶなどを見ながらでもＯＫ。

NG

**近すぎるor遠すぎる**

壁と近すぎたり遠すぎたりすると、しっかりと胸が張れません。軽く肘が曲がる程度のやりやすい距離で行いましょう。

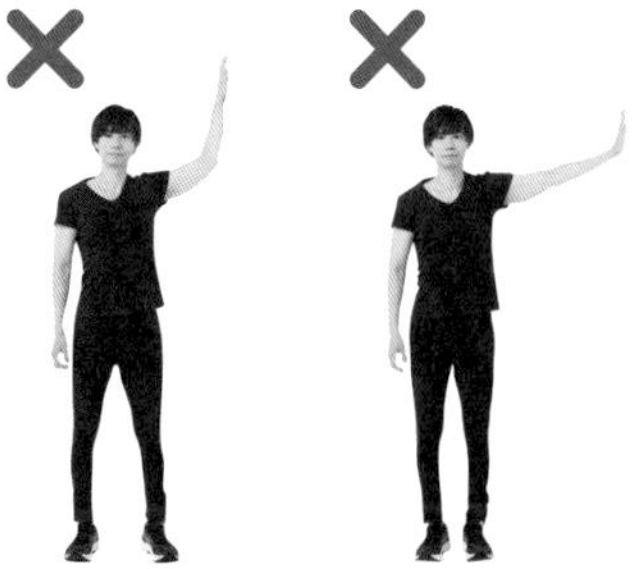

# 胸がピーン！

1分キープ

これだけは絶対に守ろう！

**とにかく胸を張り続ける！**

## Step 2

左脚を１歩前に踏み出し、右手は腰にあて、しっかりと胸を張ったまま、右を見て１分キープ。休憩なしで反対側（右手を壁に、右脚を１歩前に）も同様に１分。

## KAMIYASE POINT

**効果の高いものを何度も繰り返す!**

同じストレッチやエクササイズが登場するのには理由があります。効果の高いものに絞ったほうが短期間で確実に変化があらわれるから。あれもこれもやるより一点集中!

## Step 3

今度は、肩より低い位置に左の手のひらをつける。

**TIPS**

このストレッチで姿勢が改善されると、ストレッチ名の通り、くっきりとした美しいデコルテになって上半身がすっきりとした印象に!

**TIPS**

どこが伸びているか、よくわからない人も心配しないで！　とにかく胸さえ張れていれば効果は出ます。僕を信じて続けてみてください。

胸がピーン！

これだけは絶対に守ろう！

とにかく胸を張り続ける！

1分
キープ

## Step 4

左脚を1歩前に踏み出し、右手は腰にあて、しっかり胸を張ったまま、右を見て1分キープ。休憩なしで反対側（右手を壁に、右脚を1歩前に）も同様に1分。

# 4日目 2

# すっきり背中ストレッチ

左右1分ずつ＝計2分

壁の端をつかんで

横から見ると…

Side

## Step 1

壁（引き戸や柱などでも）の端が正面にくるように立ち、左手で壁の端をつかむ。左手は肩より低い位置で手の甲が自分側を向くようにし、背中は丸める。

**TIPS**

もし背中の伸び感がなくてもまったく問題なし。背中を丸めることとさえしっかり守れていれば必ず伸びています。

TIPS

Step2で壁の端をつかむ手とは反対の手を内ももに置くのは、下半身を安定させて背中をしっかりと伸ばすためです。

NG

**手の位置が高すぎor低すぎる**

手の位置が高すぎたり低すぎると、背中をうまく伸ばせません。背中を丸めたときに自然と手が壁の端につく位置に。

伸ばす!!

1分キープ

これだけは絶対に守ろう！

限界まで背中を丸める！

Side

## Step 2

右手を右内ももの上に置いて、背中を丸めたまま、上体を左へずらして1分キープ。休憩なしで、今度は右手で壁の端をつかんで同様に1分キープ。

4日目 3

# ほっそり美脚
## ストレッチ

左右1分ずつ＝計2分

つま先に
ひっかけて…

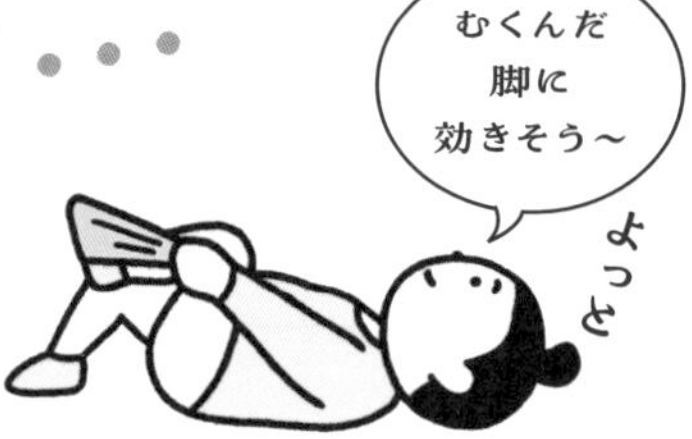

### Step 1

マットの上にあお向けに寝て、タオルを左足のつま先にひっかけて、両手で持つ。

TIPS
このストレッチは腰痛予防にも効果があるので、美脚になるだけでなく健康的にもなります。

TIPS

本の通りにやって伸びた感がない場合でも問題なし。必要な柔軟性はすでに備わっているので、むくみ取りに集中しよう。



NG

**脚を顔に近づけすぎている**

このストレッチは脚のむくみとりの目的もあるので脚はお尻の真上にかかとがくるまで上げるのがポイント。引き寄せすぎはむしろNG！

つらい場合は下ろしている脚の膝も曲げてOK

1分キープ

伸ばす!!

これだけは絶対に守ろう！
お尻の真上にかかとがくるまで上げる！

## Step 2

左膝を少し曲げた状態で左足のかかとがお尻の真上にくるまで上げ、裏ももとふくらはぎが伸びているのを感じて1分キープ。休憩なしで、右脚も同様に。

TIPS

5日目は下半身のエクササイズを2種目行います。1種目めはお尻と太ももの裏側を刺激するエクササイズです。

5日目 1

# ほっそり美脚

## エクサB

左右1分ずつ×2セット（インターバル1分）＝計5分

まずは四つん這いに…

### Step 1

両手、両膝、両つま先を床につけて写真のような姿勢になる。

TIPS
お尻と太ももの裏側のセルライト改善が、このエクササイズの一番の狙い。さらに、ヒップアップや脚の引き締め効果も期待できます。

## Step 2

背中を丸めて目線はおへそでキープ。

TIPS

膝を高く上げようとして腰を反るのはＮＧ。おへそを見て背中を丸めた状態で上げられる限界を目指そう。

## KAMIYASE POINT

**床側のつま先は好きにしてOK！**

下の写真では床側のつま先を立てていますが、床から浮いてさえいなければ、自分のやりやすいようにして問題なし。

## Step 3

左脚を後ろに上げて、膝からつま先までピンと伸ばして5秒キープ。このとき、腰が反らないように注意。

TIPS
Step3、Step4で5秒キープするときには、しっかりと止まることが引き締め効果を高めるコツです。微動だにしない気持ちで！

NG
**膝の位置が下がる**

Step 3～Step 4で膝の位置が下がってしまうと、この種目の効果がかなり下がります。がんばって膝の高さをキープして！

つらいけど
美尻のために
やるわ!!
効くぅ

かかとをお尻に～

5秒キープ

これだけは絶対に守ろう！
膝の高さが絶対に下がらないように！

## Step 4

膝の位置を変えずに、かかとをお尻に近づけて5秒キープ。Step 3 ➡ Step 4 を1分繰り返す。休憩なしで右脚も同様に。1分休憩後、左右1分ずつ行う。

5日目 2

# きゅっと内もも エクサ

左右1分ずつ×2セット（インターバル1分）＝計5分

## 横向きに寝て〜

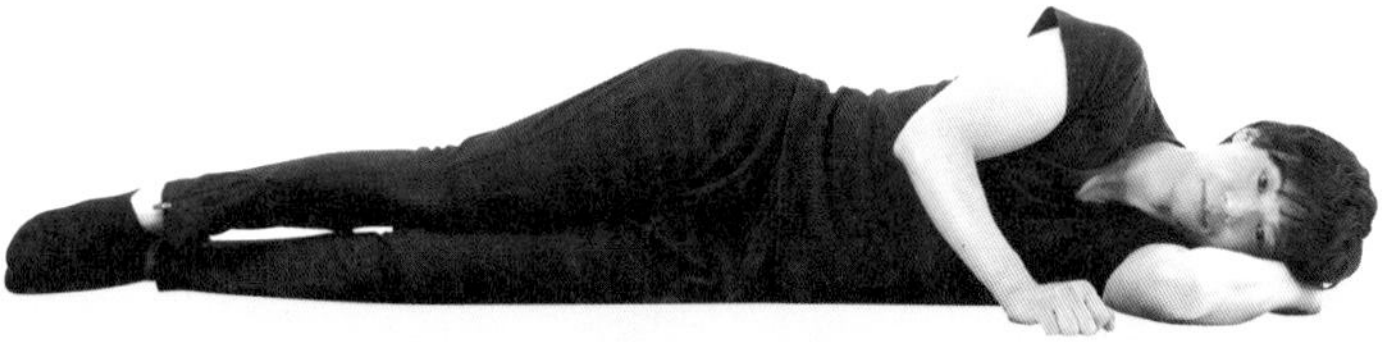

### Step 1

左側を下にして、横向きに寝る。両脚は自然に重ね、上半身は楽な姿勢で、左手を腕枕にして頭を乗せ、右手はバランスが取りやすい位置に置く。

TIPS
5日目の2種目めです。内ももの引き締め、O脚改善を重点的に狙ったエクササイズです。

TIPS
内ももは日常生活であまり使わないので、普段運動していない人には効果絶大！ 期待して！

KAMIYASE POINT

枕を
使っても
いいのね！
首が楽～

**上半身は
やりやすい姿勢で**

上半身は下半身が動きやすい姿勢であれば何でもOK！ 首が痛くなってしまう人は、頭の下に枕を入れてみましょう。

# 下の脚を上げます！

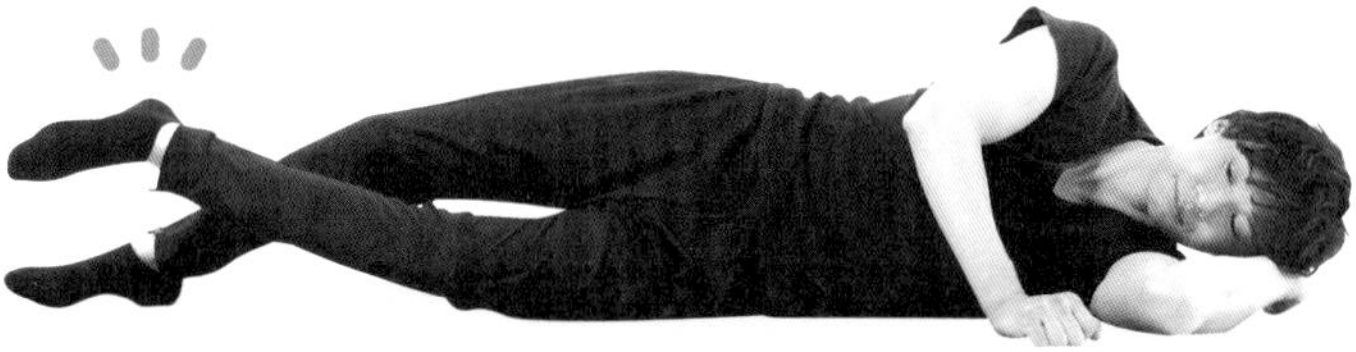

## Step 2

左膝を少し曲げた状態で、左脚を床から少し上げたら、ずっと上げたままキープ。

**TIPS** どれだけかかとを強く押し合えるかで効果が決まります。しっかり押し合うほど脚が引き締まります。

**NG ! 膝が曲がりすぎている**

膝が曲がりすぎていると、目的である内ももを刺激することができません。膝は少し曲げる意識で！

**5秒キープ**

# かかとを押し合い～

これだけは絶対に守ろう！

かかとに力が入った状態で常に押し合う！

## Step 3

右足のかかとを、左足のかかとの上に乗せ、上から負荷をかけて5秒間押し合う。左足のかかとは、床につかないように抵抗する感じで。

TIPS
かかとを一度離すことでエクササイズ効果がアップ。離す時間の目安は1秒程度。長すぎはNG。

NG
**下の脚の膝が浮いていない**

下の膝が床についていると効果がダウン。浮かない場合もできるだけ浮かそうとすることが大切。内ももを刺激できます。

# 一度離して…また押し合う!

1分
続ける

## Step 4

左脚を床から上げたまま、右脚を一度離し、Step 3 ➡ Step 4 を1分繰り返す。休憩をはさまず右脚も同様に1分行う。1分休憩後、再び左右1分ずつ。

神やせエクサ
プラン
B

有酸素運動・屋内

TIPS
一般的なバーピーよりも関節に負担が少なく、しかも、O脚改善や脚の引き締めに必須の内ももを刺激できる美脚効果の高い有酸素運動です。

# 6日目
# 美脚
## バーピー

10分（〜MAX 30分）

正面から
見ると…

がに股で〜

**Step 1**

両手を床についてしゃがむ。

**Step 2**

右脚を斜め後ろに伸ばす。

TIPS

Step2では右脚から伸ばしていますが、この有酸素運動はどちらの脚からでも効果は変わらないので好きな脚からでOK!

NG

**脚を後ろに伸ばしている**

脚を後ろに伸ばすと、太ももやふくらはぎがパンパンに張ってしまうことも! 脚やせ目的なら脚を斜め後ろに伸ばすのが正解。

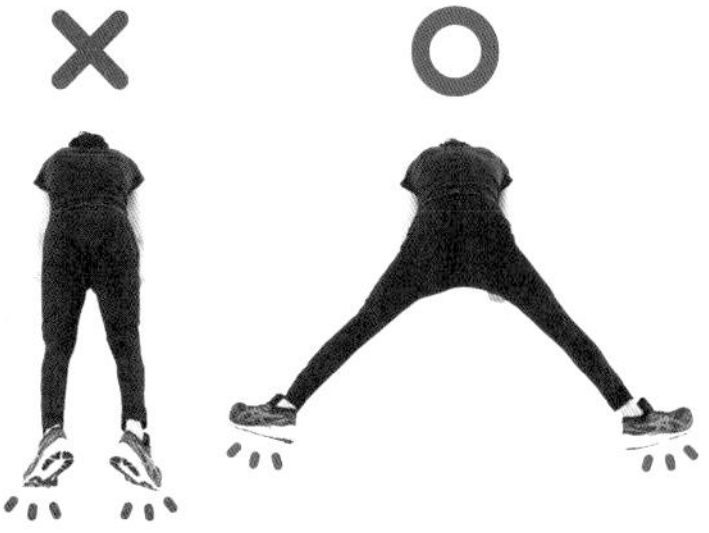

# 両脚ピーン!

## Step 3

左脚も斜め後ろに伸ばす。

**TIPS**

Step6で立ち上がるときに、左右の膝を押さえることが効果アップのコツ！　手でサポートすることで正しいフォームが取りやすくなります。

**NG**

**動きが小さい**

脚を斜め後ろに伸ばすときには、できるだけ遠くに脚をつきましょう。動きが小さいと効果も半減！

## Step 4

右脚を元の位置に戻す。

**TIPS**
途中で10〜20秒の休憩をするときは完全に休むのではなく、立って足踏みをしながら呼吸を整えるのも、おすすめの方法です。

## KAMIYASE POINT

体脂肪
燃えた感
すごい〜
はぁ〜

### 疲れたら休憩OK 必ず10分やり切ろう

つらくて継続が不可能なときには、途中で10〜20秒の休憩をはさみながらでもOK。ただし、必ずやり切りましょう。

これだけは絶対に守ろう！

**10分 やり切る**

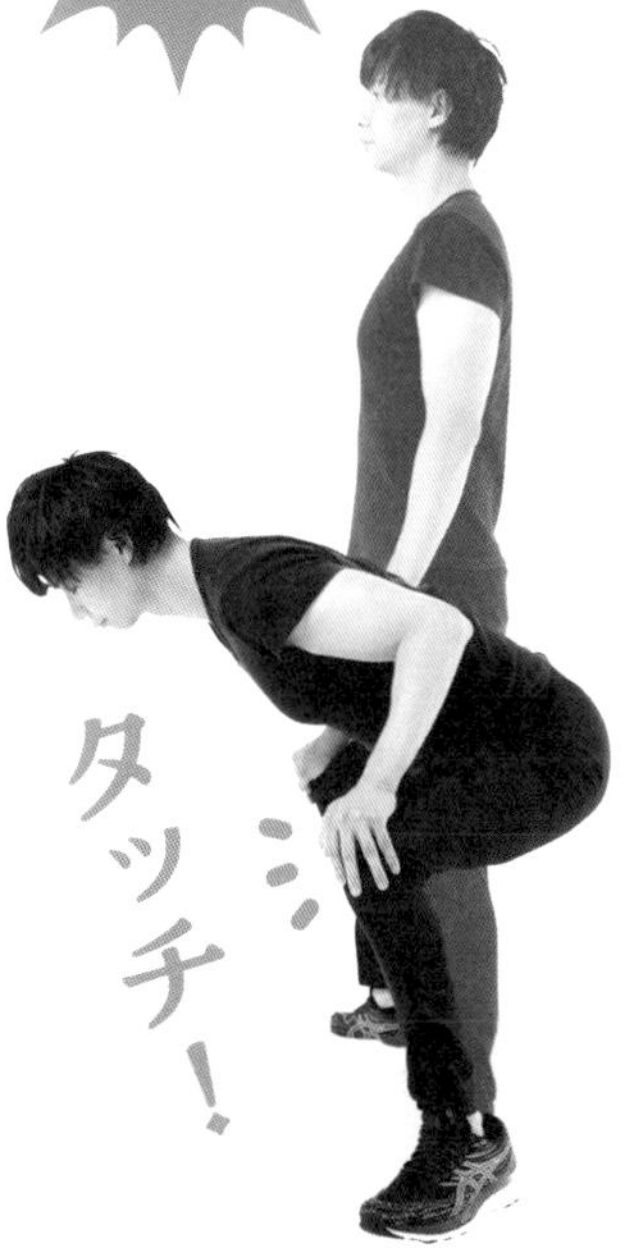
タッチ！

## Step 5

左脚を元の位置に戻し、Step 1の状態になる。

## Step 6

左右の手で左右の膝を押さえながら立ち上がる。Step 1 ➡ Step 6を10分繰り返す。

7日目 1

# しゃきっと美姿勢

## エクサB

2分×2セット（インターバル1分）＝計5分

あお向けで
膝を立てます

Ready

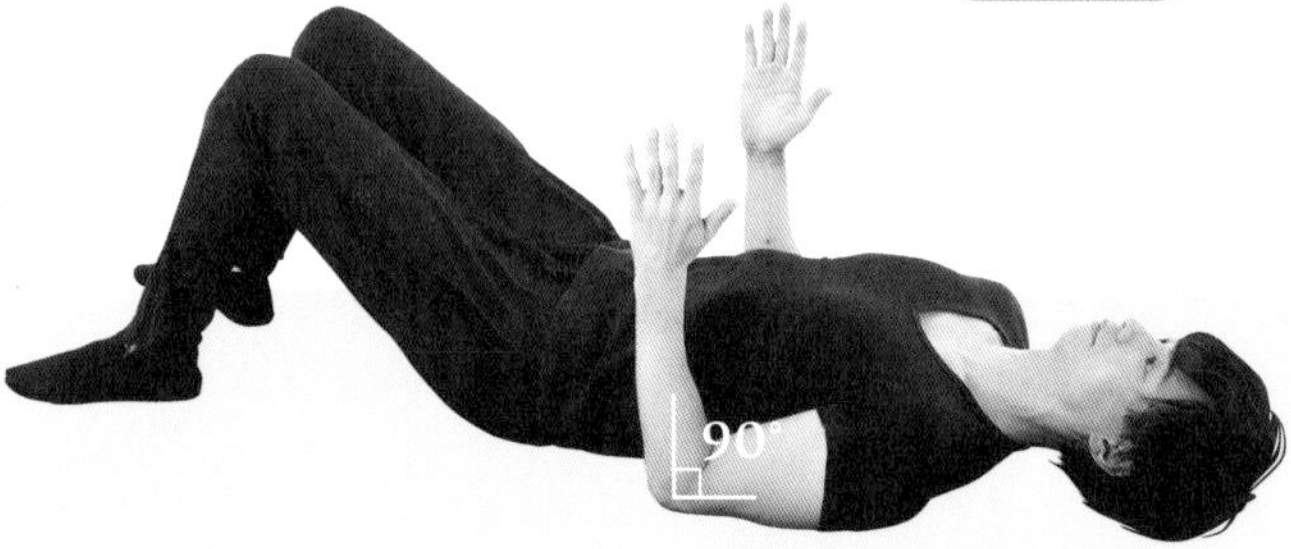


## 肘を90度に…

### Step 1

マットの上に両膝を立てて、両脇を完全にしめてあお向けに寝る。その姿勢から両肘を90度に曲げて、「小さく前へならえ」のポーズをとる。

TIPS

2日目と同じ上半身のエクササイズを2種目行います。最終日に姿勢改善に欠かせない背中の筋肉を刺激し、有終の美を飾りましょう！

TIPS

2日目よりも上手にできるようであれば、筋力がアップし、体が引き締まってきたサインです。最後まであきらめずにファイト!!

## KAMIYASE POINT

**指先は力を抜いて！**

指先をリラックスさせるとエクササイズの効果がさらにUP！　グッと力を入れるのは肘だけにして、指先は脱力した状態で行いましょう。

指先はふわ～、
肘はグッ!
ぐっ

胸を張る!
肘をグッと!

## Step 2

両肘を床に突き刺すようなイメージでグッと押し続け、背中と床の間にすきまを作る気持ちで、胸を限界まで張る。

TIPS
疲れてくると5秒キープが曖昧になりがち。このキープこそがエクササイズの肝。しっかりやり切って。

**NG**

**肘を押す力が抜けている**

肘を床に押し続けることで美姿勢効果が生まれます。とくにStep 3では力が抜けやすいので注意!

**5秒キープ**

これだけは絶対に守ろう!

**脇は何があっても開かない!**

## Step 3

Step 2 の姿勢をキープしたまま、両手のひらを外に開いて5秒キープ。脇は絶対に開かず、肘は床に押しつけたまま。

TIPS

このエクササイズは一般的な筋トレではなかなか鍛えにくい、姿勢改善に効果的なインナーマッスルにも刺激が入ります。



## KAMIYASE POINT

脇は確実にしめなきゃ!
えっ!

### 脇を絶対に開かない!!

P55でも解説しましたが、もう1度! Step 3やStep 4で両手を開くときに脇が開いてしまうと、姿勢改善に必要な筋肉に効かなくなってしまいます。

2分続ける
一度戻して…
また開く〜

## Step 4

Step 2 の姿勢に戻り、Step 2 ➡ Step 3 を2分繰り返す。1分休憩して再び2分行う。

7日目　2

# すらっと後ろ姿エクサ

**2分×2セット（インターバル1分）＝計5分**

## うつ伏せになって～

### Step 1

マットの上で両脇をしめて、うつ伏せになる。

**TIPS**

7日目最後の神やせエクササイズ。悔いのないように力を出し切って！　ファイトです！

TIPS

実践中にもし首が痛くなる場合は、高さのある枕に顔を乗せてサポートするのもおすすめ！

**NG**

**！ 脇が開いてしまう**

Step 2➡Step 4のときに脇が開いてしまうと、二の腕の引き締め効果がダウンしてしまいます。できるだけ脇をしめて！

# 反ります！

## Step 2

上体と両脚を浮かす。

## KAMIYASE POINT

**がに股にすると美脚効果プラス**

足先を外に向けて、がに股にするとお尻の筋肉へ刺激が入って美脚効果大。余裕がある人は試してみて！

5秒
キープ

# 腕を上げて
# キープ

## Step 3

Step 2 の姿勢をキープしたまま、両肘を後ろに限界まで伸ばして5秒キープ。指先は力を抜いて。



TIPS

しっかりやれば背中と二の腕のラインが変わります。ノースリーブやドレスを着る機会がある人は特にがんばって。

TIPS
これでプランB、7日間完走です！　明日の朝に写真を撮って比較するのが楽しみですね！

2分
続ける

# 一度下ろして…また上げる！

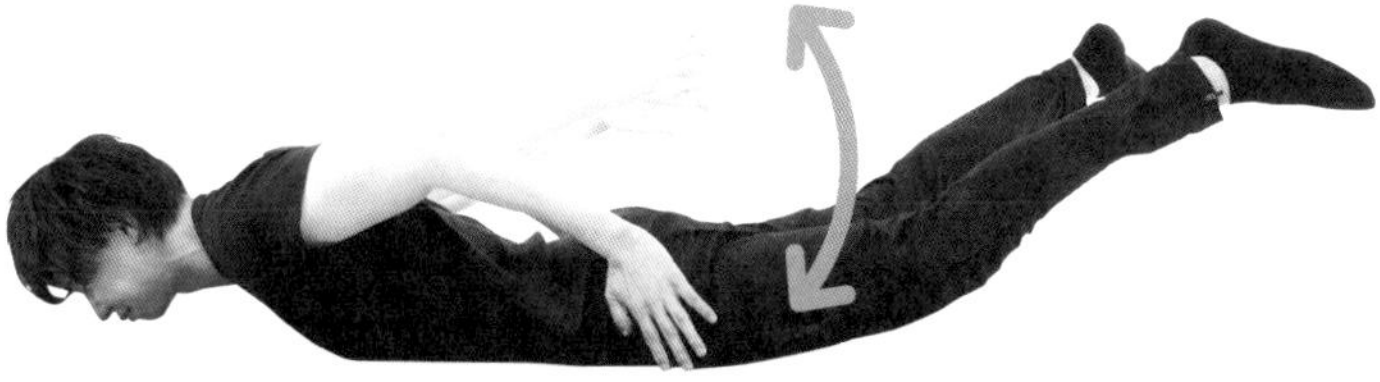

## Step 4

肘の高さを変えずに、指先を床にチョンとつける。すぐに Step3 に戻り、Step3 ➡ Step4 を2分繰り返す。1分休憩して再び2分行う。

モニター体験レポート②

## CASE 3

### 野獣のような食欲をリセット、便秘も解消！

## こきんさん（40代）

身長 163cm

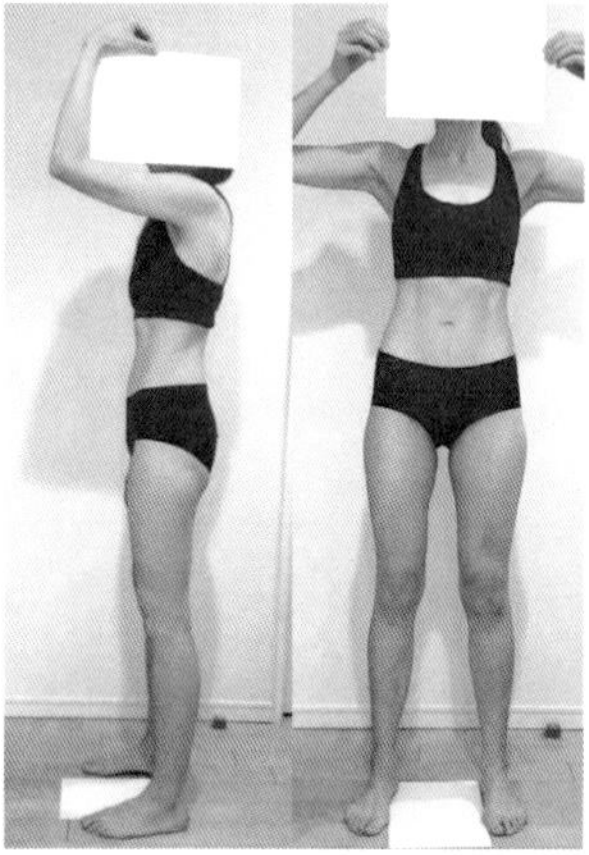

After

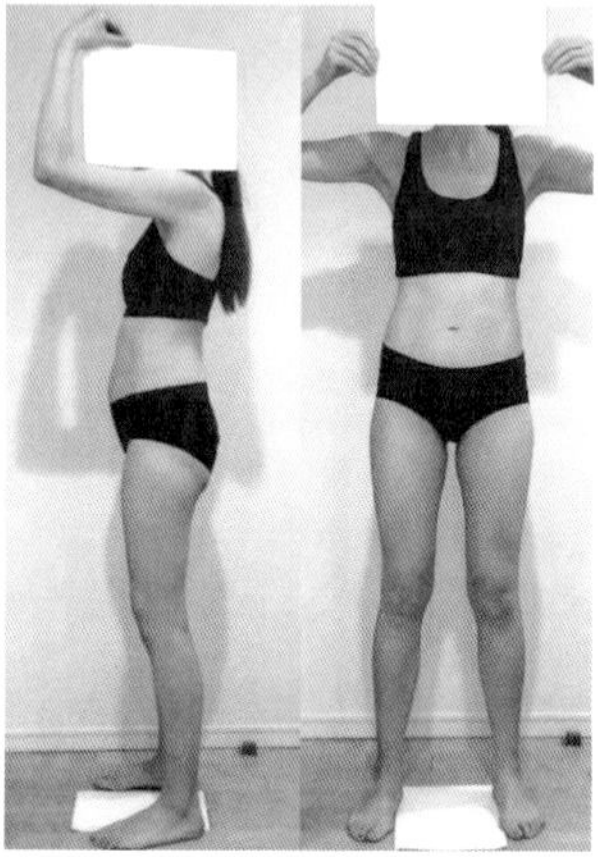

Before

**After**
体重 47.5kg
体脂肪率 22.4%

**Before**
体重 48.5kg
体脂肪率 24.2%

神やせエクササイズを始めたときは生理前で、野獣の食欲、便秘、むくみの三重苦……。ヒドイBeforeでした。でも、せっかくチャレンジするので体の変化だけでなく、野獣の食欲もリセットできたらと思い、何か食べたくなったときに運動することに。すると不思議と食欲がおさまり、無駄食いが減った気がします。普段使わない筋肉を動かしたこともあってか、徐々に便秘も解消しました。

さらに自然と姿勢がシャキッとしてきて、7日間終了後の写真で自分の姿を見て、想像以上の変化にびっくり！　さらなる「体の変化」を楽しみに、このまま継続しようと思います。

# CASE 4

## おなかまわりの変化が一目瞭然！ 短時間で確実な効果

**ちか** さん（30代 ）　身長 149.5 cm

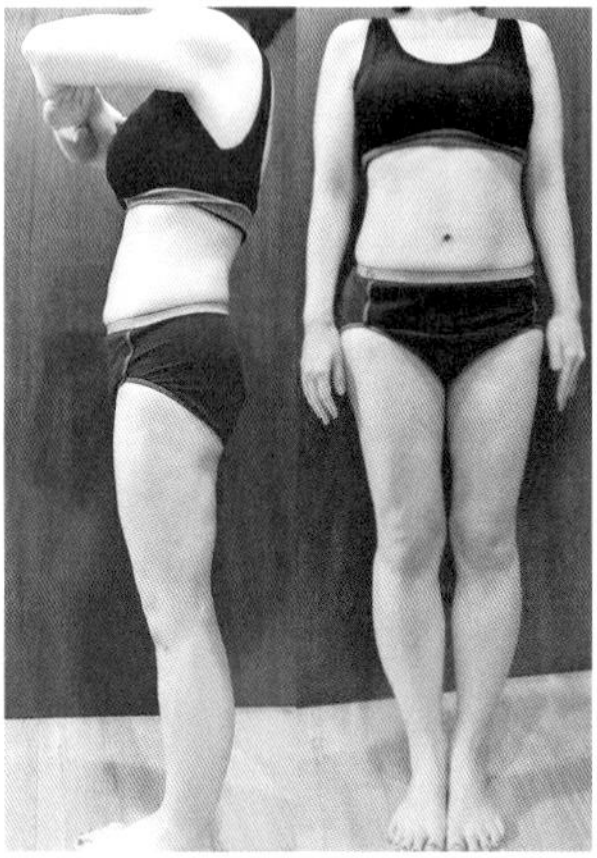

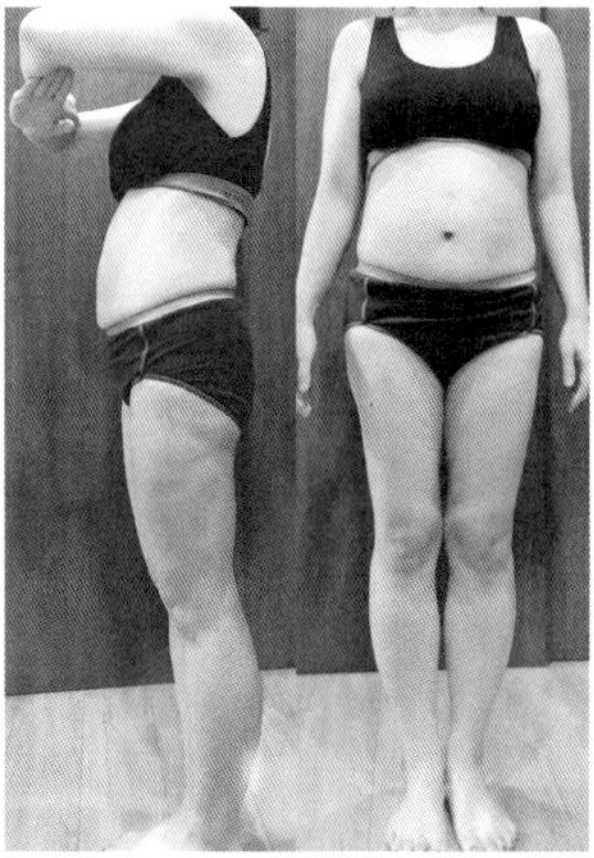

| | After | Before |
|---|---|---|
| 体重 | 47.25 kg | 48.05 kg |
| 体脂肪率 | 27.0 % | 27.7 % |

運動はどれも短時間ですが、やってみると筋トレではないのに意外としんどい部分も！　でも、それだけ効率よく効く内容になっているのだと感じました。ただ、どれも時間が短かすぎるので「もう少し何かやらないと効果が出ないのでは？」と最初は半信半疑ではありました。

しかし、わずか7日間のチャレンジにもかかわらず、Afterの写真を見たら、効果が一目瞭然！　体重も体脂肪も少し減りましたが、それ以上に見た目に変化があり、特にぽてっとしていたおなかまわりが明らかに引き締まったことがうれしいです！

まだまだあります！

モニター体験レポート ③

# モニターさんから寄せられたリアルな声!!

## CASE 5 プラン A

姿勢が劇的によくなりました！

**すー**さん（32歳） 身長 161 cm

After ⬅ Before

体重 60.4 kg　体重 61.1 kg

体脂肪率 32.2 %　体脂肪率 33.2 %

1日4〜10分の運動でしたが、姿勢が劇的によくなっていくのを感じました。特に「くっきりデコルテストレッチ」のおかげで、猫背ではなく胸と背中を意識して姿勢よく過ごせるようになりました。

そのほかも簡単にできるストレッチですが、しっかりと効果が出るものばかりでした。体重や体脂肪の変化はあまりありませんでしたが、姿勢が変わりつつあるので、継続して実践したいと思える7日間でした。

## CASE 6 プラン B

結婚式直前、体が引き締まりました！

**HARU**さん（27歳） 身長 165 cm

After ⬅ Before

体重 63.2 kg　体重 64.5 kg

体脂肪率 32.1 %　体脂肪率 34.0 %

結婚式に向けて少しでもきれいになりたいと、最初は糖質制限をしていましたが、なかなかうまくいきませんでした。結婚式まであと2週間、そんなときに出会ったのが神やせエクササイズです。一見静かな動きですが、翌日筋肉痛になって、効いていることを実感。ダイエットが続かない私が最後まで完走できたのは、なんといってもその手軽さ。7日間続けられて体が引き締まり、本当にうれしかったです。

## CASE 7 プラン B

背筋がピンと伸びて気持ちいい！

**すん**さん（28歳） 身長 160 cm

After ⬅ Before

体重 53.0 kg　体重 53.8 kg

体脂肪率 28.9 %　体脂肪率 31.1 %

食事はそのままというコンセプトは、食べるのが好きな私にとって魔法のよう（笑）。3日目過ぎから「朝起きたときの顔のむくみがいつもより少ないかも？」と気づき、モチベーションにつながりました。また、ストレッチをした後は背筋がピンと伸びる感じがとても気持ちよかったです。次第に自分の健康を意識するようになり、「食事も気をつけよう」と考えられるようになったことも、うれしい変化のひとつでした。

## CASE 8　A《プラン》

育児中でもすきま時間で続けられる！

**Key** さん（42歳）　身長 164 cm

After ⬅ Before

体重 71.8 kg　体重 73.7 kg

体脂肪率 38.6 %　体脂肪率 39.2 %

ひとつひとつの動作は簡単で短かったので、運動する前の「やらなくちゃ……」という重い気持ちを感じることなく、トライできました。

ストレッチは心地よく、毎日でもやりたい感じ。エクササイズは「止める！」というポイントがあったので、しっかりと効かせることを意識してできました。有酸素運動は日々の運動不足がたたり、汗だくになりました。私のように普段運動ゼロの人でもできるし、育児中でも基本的にどれもすきま時間にできて、絶妙なプログラムでした！

## CASE 9　B《プラン》

ストレスなし！　あっという間の7日間！

**あんこ** さん（38歳）　身長 158 cm

After ⬅ Before

体重 51.2 kg　体重 52.0 kg

体脂肪率 30.1 %　体脂肪率 30.5 %

「くっきりデコルテストレッチ」は、終わった後も胸や背中がジーンとしてストレッチ効果が大きかったので「私はこのあたりが縮こまっているから猫背になりやすいのかも？」という新たな気づきがありました。エクササイズの2分は長く感じましたが、「たった2分で変われるなら……」と思ってしっかりとやりました。有酸素運動は「美脚バーピー」がきついです（笑）。でも7日間、あっという間でした！

## CASE 10　B《プラン》

忙しいワーママでも背中すっきり！

**ちゃーちゃん** さん（30代）　身長 144cm

After ⬅ Before

体重 50.1 kg　体重 49.8 kg

体脂肪率 33.1 %　体脂肪率 33.0 %

短時間で集中して終わらせられるので、時間のやりくりが難しいワーママでもやりやすかったです。 私が衝撃を受けたのが「ヒップアップ大股ウォーキング」。時速は気にしたことがなく、アプリを活用したら、まあつらい！！　でもこれが効かせるためのウォーキングなのだと実感。初日と7日目の横向きの写真を比べて、明らかに背中がシャンとしたのがわかり、驚きました！　うれしくて今も継続中です。

# 神やせ7日間エクササイズに挑戦してどうでしたか？

8日目の朝に初日と同じ服装、
同じポーズで再び写真を撮りましょう！
BeforeとAfterの写真を見比べて変化はありましたか？
神やせエクササイズを始める前と
終わった後の自分の体の状態について
当てはまるものに☑をしてみましょう！

□ 姿勢がよくなった
□ 見た目がすっきりした
□ フェイスラインがシャープになった
□ おなかがへこんできた
□ お尻のたるみが解消されてきた
□ 太ももが引き締まった
□ 脚がむくみにくくなった
□ 軽やかに動けるようになった
□ 体力がついて疲れにくくなった
□ 食欲が落ち着いた
□ 便秘が改善した
□ 寝つきがよくなった
□ 体重・体脂肪率が減った

☑が多かった人も少なかった人も、
神やせエクササイズを7日間完走したあなたの体は、
確実に変わってきています!!

PART2では「神やせエクササイズで
なぜたった7日間で体が変わるのか」、
そのしくみを紹介します。

# PART 2

## 姿勢改善＆むくみ解消！

# 神やせ7日間エクササイズで体が変わる理由

食事制限一切なし！
1日最大10分の運動をわずか7日間続けただけで
なぜ見た目が劇的に変わるのか？
その秘密をすべてお話しします。
7日間終了後、自分流にアレンジするヒントもお伝えします。

## 神やせエクササイズで体が変わる 理由1

# 3つの方法の
# いいとこ取り!
# だから7日間、
# たった4~10分で
# 確実に体が変わる

「神やせ7日間エクササイズ」は、ストレッチ、エクササイズ、有酸素運動の3種類を取り入れたオリジナルメソッドです。

具体的には、がむしゃらにがんばる長時間の運動よりも結果が出る4~10分のメニューを組み合わせています。しかも、**ストレッチ、エクササイズ、有酸素運動のそれぞれのいいところだけを取り入れているため、短期間でも効果が出やすい**のです。

実際、僕の経験上、ストレッチだけ、あるいはエクササイズだけ、

## 短期間で結果を出すには効果の高い要素だけを組み合わせるのがカギ

またしは有酸運動だけを1週間がんばり続けても、神やせエクササイズを7日間続けたときのような姿勢改善の効果は得られません。もちろん週3日程度パーソナルジムに通えるなら話は別ですが……。

短期間＆短時間で成果を出したいという多くの女性の希望を実現するには、非常に効果の高い運動だけを取り入れることが重要。まさにそれを突き詰めたものが、神やせエクササイズなのです。

ADVICE

# むしろやりすぎて体が変わらない人がたくさんいます！あえて、がんばりすぎないで!!

「毎日ハードな運動を続けているけれど結果が出ない」と嘆いているがんばり屋さん、いませんか？　難しいことは言いません。とにかく僕を信じて、あえて運動量を減らしてみてください。

今、通っているジムも、日課のランニングも筋トレも、神やせエクササイズにトライする7日間は、思い切ってお休みしましょう。

**運動で効果が出ない人に多いのが、やることが多くてひとつひとつの効果が薄まり結果が出ない**パターンだからです。

## 効果が高い運動を短時間に集中してやろう！

たった
これだけ、が
いいのよね～
よしっ

また長時間の運動で食欲がアップしてしまうケースもよく見られます。それは「こんなに運動をがんばったから食べてもいいよね」という感覚が無意識に生まれてしまうため。結果、いつもより食べてしまい、やせないどころか太ってしまう人も少なくありません。

神やせエクササイズでは、**ハードすぎる運動を極力削って、食欲がわかないように**絶妙なバランスでプランを組み立てています。

ADVICE

# 食事制限一切なしで体が変わる理由はプラスの要素しかないから！

食事制限をしないと、いつまでたっても引き締まった体にはなれない……。そんなふうに思っていませんか？

でも、それは大きな勘違い！

もちろんがんばって食事をコントロールすれば結果は出ますが、今までの食事内容を変えなくても、毎日の生活に適切な運動をプラスすれば、その分だけ体は変わっていきます。

そのときに大切なのが、**継続できる運動を取り入れて、淡々と続けること**です。

いつも通り食べて
引き締まるなんて
最高〜!
おいし〜

今回、7日間という短期間に加えて、1日MAX10分という短時間にこだわったプランにしたのも、運動が苦手な人でも忙しい人でも続けられることを目指したから。

さらに「理由2」でも解説しましたが、**運動のやりすぎによる食欲増進も極力抑える**ために、あえて時間を短くしています。

普段通り食べていいのでストレスがなく、挫折しにくいのも神やせエクササイズの特長です。

## 食事を変えず運動を追加できれば、その分だけ引き締まっていきます

ADVICE

# まずはストレッチ！柔軟性を高めることでエクササイズ＆有酸素運動の効果がアップ

プランAでもプランBでも、神やせエクササイズで初日に行なうのが、ストレッチです。

ストレッチの目的であり、最大のメリットと言えば、体の柔軟性が高まること。エクササイズや筋トレでも柔軟性は上がりますが、世の中にストレッチ以上に柔軟性が高まる方法はありません。

普段あまり体を動かしていない人が、いきなりエクササイズや有酸素運動から始めると、筋肉が硬くてエクササイズで正しい筋肉に効かせられなかったり、有酸素運

# ストレッチで、エクササイズや有酸素運動の効果を底上げ！

動で必要な動きができなかったりすることも。筋肉が硬くこわばったままで運動をするとケガをしたり、疲れやすかったりもします。

また、初日にエクササイズや有酸素運動をして筋肉痛になってしまい、翌日から体が動かない……といったケースも！

そのため、**初日はストレッチで体をほぐし、翌日以降のエクササイズと有酸素運動の効果を十分に引き出すことを狙っています。**

ADVICE

## 神やせエクササイズで体が変わる 理由 5

# 姿勢改善を狙ったストレッチに絞ってラクラク美姿勢に

神やせエクササイズで何度も登場した「くっきりデコルテストレッチ」。「なぜ同じストレッチが何度も出てくるの?」と思った人もいたのではないでしょうか。

　ここだけの話ですが（笑）、僕は運動があまり好きではありません。だからあれも大事、これも大事と毎日1時間も2時間も運動しなくてはいけないというのは苦手。効果の高いものだけを、しっかりとやる。それが僕のポリシーです。

　今回も**見た目を変えるために様々なストレッチを1時間やるのではな**

# デコルテラインの柔軟性アップが姿勢改善の最短距離です

ADVICE

**く、最も効果が高く短時間でできるストレッチを採用**しました。

　少し専門的な話になりますが、姿勢が悪い要因の大半は、背中ではなく前側の筋肉、すなわち胸の筋肉（大胸筋、小胸筋）の硬さです。そこをピンポイントで柔軟にするのが「くっきりデコルテストレッチ」なのです。**中途半端に全身を伸ばすより、集中的に胸の筋肉を柔らかくして美姿勢を手に入れましょう。**

# 筋肉量アップよりも筋力アップ！筋肉を活性化すれば見た目はガラリと変わる

「食事制限一切なし！　運動だけで体を変える！」がコンセプトの神やせエクササイズですが、「筋トレはやらなくてもいいの？」と思った人もいるのでは？

筋トレは、ある程度、重たいものを持って筋肉をつけることが主な目的です。もちろん本書の内容を1か月以上続ければ話は別ですが、たった7日間では筋肉はつきません。

しかし、ここからがポイント！**筋肉はつかなくても、筋力なら7日間でアップすることができます。**

ADVICE

筋力とは、筋肉が持っている力のこと。筋肉が今よりも力を出せるように活性化することで、きれいな姿勢を保つことが楽になり、見た目がガラリと変わります。

例えば、胸の筋トレの定番である腕立て伏せをバッサリ切り捨てているのは、胸の筋力が上がっても姿勢改善にはつながらないから。**本書は、7日間で見た目を変えられるエクササイズのみに絞っています。**

# エクササイズで効率よく血流改善！気になる部分のむくみ解消

**神やせエクササイズは、「姿勢改善」と「むくみ改善」に重点を置いたプランになっています。**この2つに狙いを絞ったからこそ、1日4～10分の運動でも、見た目が改善できるプランとなっています。ここでは「むくみ改善」のタネ明かしをしましょう。

突然ですが、「加圧トレーニング」をご存知でしょうか？　腕や脚に専用のベルトを巻いて、血流を制限した状態で行なうトレーニングです。その後、ベルトを外すと大量の血液が流れて血行がよくなっ

たった7日間で
こんなにも
スッキリ～
スッキリ☆

てむくみが改善したり、軽い運動なのに筋肉がついたりします。実は、**本書のエクササイズでは、疑似的に加圧トレーニングのような状態を作っている**のです。

具体的には、5秒キープするときに血流が制限されます。その後、力を緩めたタイミングで血液がドッと筋肉に流れ込み、血流改善が見込めます。これを数分繰り返すことで、むくみが解消されて見た目もスッキリするのです。

ADVICE

# エクササイズは女性の見た目を美しく変えるものだけをチョイス

人の体には様々な筋肉がありますが、実は筋肉太りを助長してしまう筋肉や肩幅を広く見せてしまう筋肉もあります。有名なところでは前ももの大腿四頭筋、肩の三角筋など。短期間&短時間でスタイルよくやせた体に見えるようになるためには、引き締め効果が高く、すらっと見えるために必要な筋肉「だけ」を刺激することが重要です。

本書ではまさに**女性が鍛えるべき筋肉ランキング上位の、お尻や背中、二の腕、おなかといった部**

**分だけを鍛えることで、7日間で大幅な見た目の変化を起こすことが可能に**なっています。

ただしそれは本書の「これだけは絶対に守ろう！」や「NG」を守っていることが前提。結果を出すためにもしっかり読み込んでトライしてみてください。実際にやってみてなんだか上手くいかないなと思った場合は本の中にヒントが必ずあるので、TIPSなども忘れずに読んでくださいね！

ADVICE

# 有酸素運動を単なる消費カロリーアップで終わらせないことが重要

「有酸素運動」の最大のメリットは、「消費カロリーアップ」です。エクササイズもカロリーは消費しますが、有酸素運動の消費カロリーには勝てません。

さらに神やせエクササイズでは、それぞれ付加価値を持たせた有酸素運動として設定しています。

何度も言いますが、パーソナルジムに通えるなら話は別ですが、短期間&短時間、さらに**自宅でひとりで体を変えていくためには、ひとつの運動で複数の効果を出す必要がある**からです。また有酸素

# 神やせの有酸素運動は集中してやるからこそ意味があります

壁に手を
ついているから
なんだか安心
グッ

運動の基本は10分、もっと続けたくても最大30分までが鉄則。長く続けるとスピードが落ちたり、フォームが崩れて引き締めたいおなかやお尻の筋肉が使われなくなったりしてしまいます。

**本書の有酸素運動で最も大事なのは、だらだらやらずに10分でキッチリやり切ること！**

「これでおなかも引き締まる、お尻も上がるんだ!!」と思いながらやり切りましょう。

ADVICE

# 神やせウォーキングはくびれやヒップアップ、脚やせまで叶っちゃう！

**プランA「おなか引き締め体幹ウォーキング」の目的は、「消費カロリーアップ＆おなかやせ」**です。

時速6km程度で腕を左右に振って、歩幅を狭くして歩くと、体の軸がぶれやすくなります。上半身は左右に揺れる横の動きなのに対し、下半身は前へ進もうとするためです。すると、前に進んでいくために体の軸をまっすぐに保とうとして体幹の筋肉、特におなかまわりの筋肉（腹斜筋、腹横筋、腹直筋）が使われるようになります。

その結果、ただ歩くよりも引き締

夢中になって
歩くって
気持ちいい
シャカ
シャカ

まっていきます。

**プランB「ヒップアップ大股ウォーキング」の目的は、「消費カロリーアップ＆お尻を鍛える」。**

体幹ウォーキングと同じく時速6㎞程度で、大股で歩くと通常の歩幅よりも前へ移動する力が必要になり、お尻の筋肉（大殿筋）が使われます。さらに、腕を前後に大きく振るとグイグイ進んで、股関節の動きも強くなり、ヒップアップ効果が高まります。

ADVICE

# 運動効果の出やすいタイミングで体を動かすから最小限の努力で最大限の効果

　Ｐ15でも紹介しましたが、運動は種類によって最も効果が出るタイミングがあります。神やせエクササイズでは、そのタイミングに体を動かすことで、最小限の努力で最大限の効果を引き出していきます。だから、1日ＭＡＸ10分の運動でも見た目が変わるのです。

　**ストレッチを行うタイミングは朝起きて30分以内でなければ、いつでもＯＫ。**ストレッチの目的は柔軟性を高めることですが、起床時は、就寝中に長時間同じ姿勢を続けていたために体がカチカチです。

## 最適なタイミングで行うからこそ効果が最大限に！

食べたから
今日も
がんばれそう
もぐ
もぐ

ADVICE

つまり、一日のなかで最も柔軟性が低下している状態なので、朝イチにストレッチをしても、神やせエクササイズが狙っている、姿勢改善に必要な柔軟性は高まりません。

　**エクササイズを行なうベストタイミングは、食事の2～3時間後。1日3食どの食後でも大丈夫です。**効果をしっかり出すためには、ある程度のパワーが必要。空腹では力が入らず、望んだ効果が期待できません。

# 7日間終了後は アレンジ自在。もっと体が 引き締まる！

神やせエクササイズで見た目がすっきりした人は、この勢いで、ぜひ運動を習慣化して欲しいと思います。さらに体が変わり、きっと今よりも自分に自信が持てるようになります！

神やせエクササイズは自由にアレンジして継続して構いません。ただし次の3つのルールだけは守ってください。

**❶1日に行うのは、ストレッチ、上半身エクササイズ、下半身エクササイズ、有酸素運動のうち2つまで。**

## さらに上を目指すなら継続することが何よりも大事

7日間で
変われたから
もっとやるわ!!
ふんっ

**2同じ種類のエクササイズは2日連続して行わない**（NG例／月曜日・上半身エクササイズ、火曜日・上半身エクササイズ）。

**3 1週間のうちに、ストレッチ、エクササイズ、有酸素運動をまんべんなく取り入れる。**

またプランAとBは互換性があるので混ぜてもOK（例／月曜日・プランA、火曜日・プランB）。自分が最もやりやすい形で神やせエクササイズを続けてみてください。

ADVICE

## 7日間終了後の
# アレンジのヒント

7日間を完走したあと、「もっとがんばれそう！　もっと体を引き締めたい!!」と思った人は、今度は少し負荷をかけてやってみるのもおすすめです。

7日間で劇的に変化した体からさらに上を目指すには、筋力だけでなく、筋肉をつけることも必要。筋肉は負荷に応じて増えるので、ペットボトルを持ったりアンクルウエイトを巻いて行うと、筋肉量アップが期待できます。ただし重いからと言って動作に反動をつけてしまうと本来の効果が得られません。軽めの負荷からスタートしましょう。また、有酸素運動に使うのは逆効果になるのでNG。

おすすめ
Memo

### アンクルウエイトで負荷をかける！

お尻や脚の筋肉を刺激する下半身のエクササイズで負荷をかけたいときは、足首に巻くタイプのウエイトを利用しましょう。

アンクルウエイトを使用する場合、左右の足首に500g～1kgのタイプを巻くのがおすすめ。100円ショップなどでも購入可能です。（写真は著者私物）

おすすめ
Memo

### ペットボトルで運動強度をアップ！

上半身のエクササイズを、500㎖のペットボトルを左右1本ずつ持って行います。手首にアンクルウエイトをつけてもOK！

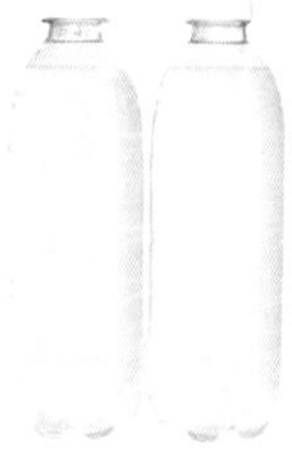

※プランBの「しゃきっと美姿勢エクササB」だけは、重りを使用しないほうが効果が出るので使用厳禁

もっと知りたい!

# 神やせ7日間エクササイズ Q&A

神やせエクササイズ挑戦中に迷ったり悩んだり
しやすい部分や、プランの内容にまつわる
疑問などについてお答えします。
より詳しく知ることで
神やせエクササイズがもっと楽しくなります!

## 普段筋トレをしている人はどのように神やせエクササイズを取り入れたらいい?

筋トレが習慣化している場合は神やせエクササイズをそのまま追加しても構いませんが、筋トレをしてもあまり変化を感じない人は、筋トレは一切やらずに神やせエクササイズのみで7日間挑戦してみるのがおすすめ。

## 神やせエクササイズは呼吸を意識したほうがいいですか?

エクササイズと有酸素運動では意識する必要はありません。呼吸を意識するとパフォーマンスが下がってしまうので、意識しないほうが自然と一番力の出やすい呼吸になります。ただしストレッチは息を止めると効果が落ちるので注意。

### なぜ有酸素運動だけ MAX30分なのですか？

ストレッチとエクササイズは本書の時間以上行ってもあまり意味はありません。しかし有酸素運動は集中できる前提ですが、時間と効果がほぼ比例します。ただ30分以上は食欲がわくなどのデメリットも発生しやすいので、がんばれそうだなと思っても30分であえてきっぱりやめて。

### 有酸素運動は、通勤や毎日のお買い物、TVを見るついでに行ってもいいですか？

基本的におすすめしません。本書の有酸素運動の目的の消費カロリー+αの効果を十分に引き出せないからです。1日10分ですから“ながら”ではなく、普段の生活にプラスして集中して行う時間を確保しましょう。

### 「ストレッチ➡エクササイズ➡有酸素運動」の順番を変えてもいいですか？

初めて挑戦するときは、僕を信じてこの本の順番通りに、チャレンジしてみてください。7日間で最も効果が出る順番だからです。1周、7日間を完走して効果を実感したら、あとはP120〜122を参考にアレンジOKです。

### 早く効果を出したいので、ストレッチ、エクササイズ、有酸素運動をすべて1日でやってもいいですか？

まずは、毎日決められた運動を7日間継続してください。1日に全部やって翌日は疲れてしまって挫折……では意味がありません。確実に効果を出すには、決められたことを継続し、完結させることが一番です。

## 体を変えるなら「筋トレ」も大事だと思いますが、なぜ「筋トレ」は入っていないのですか？

確かに長期目標でみれば筋トレは大事！　ただし、7日間で筋肉はつかず、見た目の変化も弱め。そこで今回は、ストレッチで柔軟性を高め、エクササイズで筋力をアップし、有酸素運動でカロリーを消費しつつボディメイク効果も出して、短期間で効果の出るプランにしました。

## 男性でもOKですか？対象年齢は？

内容としては女性向けですが、男性が挑戦してももちろん問題ありません。しかし、運動強度が男性には低めなので、別途筋トレなどほかの運動も追加した方が効果は高まります。対象年齢は何歳でもOKです！

## 7日間挑戦中、忙しくて神やせエクササイズができなかった日があったときは？

仕事、家事、育児などに追われ、うっかり神やせエクササイズをせずに寝てしまった……。たった1日のお休みであれば、次の日にお休みした分の運動から始めて1日延長して7日間分のプランを完走しましょう。

## 運動だけでなく、せっかくなので一緒に食事もコントロールしたいのですが……

神やせエクササイズは、今までの食事でも十分に体が変わるはず。でも食事もがんばれば、更に効果↑。その際は、僕が考案した「食べてやせる！」がコンセプトの『神やせ7日間ダイエット』を併用してみてくださいね。

僕のブログでその他の疑問やフォームのポイントなどを解説しているので、参考にしてね！
**https://www.body-make.com/blog/kamiyaseex**

# おわりに

# 理想の体型を目指して スタートダッシュ!!

ここまで読んでいただき、ありがとうございます。

少し前に『神やせ7日間ダイエット』という書籍を出し、その内容が〝運動一切なし！食事だけでやせる〟というものでかなりの好評をいただき、続編まで登場しました。

そして今回、満を持して刊行したものが〝食事制限一切なし！　運動だけで体を変える！〟という内容になります。なんという真逆の内容、と思いますよね？　僕も思います（笑）。ただこれには理由があり、それは僕がのべ1万人以上の女性を指導し、ダイエットを成功に導いてきたなかで感じた「人によって努力できる部分が異なる」ということが関係しています。

前作の「神やせ」の場合は、運動が一切ない代わりにある程度食事を管理する必要があり、食事をがんばることが苦手な方だともちろん成功はするんですが、「どうせなら運動でがんばりたいな」と思われた方もいるようです。

そんな方にぴったりなのがこの「神やせ7日間エクササイズ」になります。

この本は、ただそれっぽい運動を短い時間でやるような内容ではなく綿密な計算をもとにつくられています。効果の高いものだけを取り入れて短時間で終わらせていたり、食事をがんばれない方は長時間の運動を行うとむしろ食欲がわいて食べてしまうので、食べたい欲がわかないギリギリの運動量のラインを攻めたり……といった感じで、とにかく書かれた内容をマネするだけで、ドカ食いも特になく運動のメリットだけを享受できるものになっています。

実際にやってみた方、いかがでしたか？　書籍に書いてあるような変化は起きましたか？　高確率で大半の方がよい変化を感じていると思います。

ただ理想の体型までたどり着くにはやはり7日間だけでは難しく、あくまでも大幅なスタートダッシュをしただけでまだ先はあるとは思います。大事なことは継続ですね！　うまくアレンジをして続けてみてくださいね。

また今回の運動を通じて変化を感じ、モチベーションが高まった方は、ぜひ無理のない範囲で食事のほうへも目を向けてみてくださいね。両方やれば鬼に金棒ですから（もちろん『神やせ7日間ダイエット』がおすすめです！）

2023年1月　石本哲郎（42歳）

## 石本哲郎（いしもとてつろう）

女性専門のパーソナルトレーナー。のべ1万人以上の女性を指導し、成功へと導いてきた。女性のダイエットに関わる医学、栄養学、トレーニングメソッドを研究、さらに女性がどんなときにダイエットに挫折するのかを知るために、自ら意図的に太ってやせる「減量」実験を27回行う。モデル等ではなく一般女性の指導を最も得意とし、健康的かつきれいに女性の体を変える技術は誰にも負けないという自負がある。著書に『脚からやせる神トレ』『筋トレなし、食べてやせる！ 神やせ7日間ダイエット』『もっと！ 神やせ7日間ダイエット』（いずれもKADOKAWA）他多数。大好評の「神やせシリーズ」は本作を入れ累計17万部を突破している（2023年1月現在）。


YouTube 女性専門トレーナー石本哲郎
Twitter @ishimoto14
Instagram @ishimoto14
Blog body-make.com/blog

食事制限一切《しょくじせいげんいっさい》なし！　ストレスゼロでやせる！
**1日《いちにち》10分《じっぷん》！ 神《かみ》やせ7日間《なのかかん》エクササイズ**

2023年1月27日　初版発行

著者／石本《いしもと》 哲郎《てつろう》

発行者／山下直久

発行／株式会社KADOKAWA
〒102-8177 東京都千代田区富士見2-13-3
電話0570-002-301（ナビダイヤル）

印刷所／大日本印刷株式会社





●お問い合わせ
https://www.kadokawa.co.jp/（「お問い合わせ」へお進みください）
※内容によっては、お答えできない場合があります。
※サポートは日本国内のみとさせていただきます。
※Japanese text only

定価はカバーに表示してあります。





ISBN 978-4-04-606123-2 C0077